#11

Par **François Ayroles**

SOMMAIRE

TOPO #11 Dessin de couverture : **Lucas Varela**

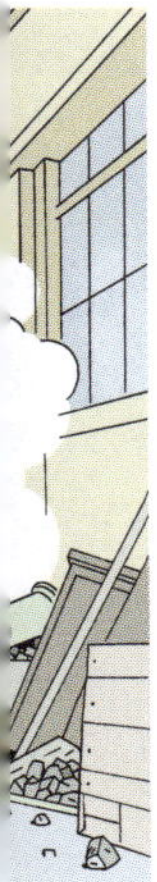

TÉMOIGNAGE

«On a reçu du lacrymo, j'ai pleuré, mais je n'ai pas eu peur»

Par **Audrey Lebel** et **Alexandre Kha**

* Le prénom a été modifié.

Je viens d'un milieu bourgeois mais, à 14 ans, j'avais déjà les yeux ouverts sur le monde. Comme je ne supportais pas l'injustice...
... je faisais du soutien scolaire dans un bidonville avec ATD Quart Monde.
La guerre d'Algérie et ses massacres m'avaient révoltée.
Au lycée, ma prof d'anglais avait été arrêtée parce qu'elle soutenait les Algériens dans leur lutte pour l'indépendance. Ce fut un choc.
Il y avait aussi la guerre au Vietnam et ses villages incendiés au napalm.
Avec mon frère, on avait fait des collages et même tagué un monument aux morts en écrivant "l'Algérie vaincra".
Beaucoup de jeunes manifestaient aux États-Unis, en Allemagne, au Japon... Tous, nous réclamions un monde meilleur !

Au nord de Paris, l'université de Nanterre est encore en chantier, isolée au milieu d'usines et de bidonvilles.
JCR ?
Jeunesse communiste révolutionnaire. Ça t'intéresse ?
le droit de vivre ne se mendie pas, il se prend !
Avec mes camarades, on fait la grève contre des cours ennuyeux, un règlement infantilisant, des loyers trop chers et un projet de sélection à l'entrée des facultés.
Parfois, des travailleurs des usines voisines nous rejoignent. On discute de leur situation mais aussi du Vietnam ou des pays africains.
Le 21 mars 1968, on se retrouve devant l'ambassade des États-Unis pour manifester contre la guerre au Vietnam.
Un de nos camarades est arrêté.

Le lendemain, pour dénoncer la répression policière et l'arrestation de notre camarade, nous occupons la salle du conseil de l'université de Nanterre. Là, avec 142 étudiants, on rédige un texte qui parle de notre envie de changer le monde. On y est restés jusqu'à 3 heures du matin.
Anti-impérialisme !
Université carcan !
Notre camarade est finalement libéré. La presse nous surnomme "le Mouvement du 22 mars".
AMPHI CHE GUEVARA
L'effervescence est totale. On refuse l'ordre établi. On intervient dans les cours. On interpelle les profs. On se sent très forts !
On diffuse notre propre journal.
Votre recette de cocktail Molotov n'est pas la bonne !
Un mouvement d'extrême droite, appelé Occident, nous provoque parfois.

Le 1er mai, c'est la fête des Travailleurs. On veut entrer dans le défilé, mais certains ouvriers s'y opposent.
Le 3 mai, les cours sont suspendus à Nanterre. On va à la Sorbonne, une université du quartier Latin, à Paris.
Que la Sorbonne devienne un nouveau Nanterre !
Le mouvement Occident arrive... avec des matraques !
Armons-nous !
La situation dégénère, monsieur le recteur.
Appelons la police !
Les forces de l'ordre surgissent et embarquent les garçons...
mais pas les filles.
Cette discrimination nous révolte.
C'est la sortie des cours : des lycéens nous rejoignent. La mobilisation est immédiate.

Le 6 mai, nous sommes huit à passer en conseil de discipline pour troubles à l'ordre universitaire.
Certains de nos professeurs et un avocat sont là pour nous défendre.
Si vous voulez être tranquilles, je vous conseille d'arrêter les manifs.
Libérez nos camarades !
À l'extérieur, une guérilla impitoyable débute. Pavés contre grenades lacrymogènes.
La Sorbonne ferme à son tour.
Puisque la police encercle la Sorbonne, encerclons la police et occupons le quartier Latin !

Témoignage

Le 10 mai, c'est la nuit des barricades. On est solidaires et organisés.
Masque aquatique
Casque volé sur un chantier
Mouchoir imbibé de citron
Journaux sur le corps
Couvercle de poubelle
Gants
Chaussures montantes
Jupe, en revanche, pas pratique du tout
Je reçois du gaz lacrymogène, je pleure, je tombe mais je n'ai jamais peur !

sous les pavés, la plage
Hé !
Ils sont partis.

Finalement, pour apaiser la situation, les forces de l'ordre quittent les lieux...
cours camarade le vieux monde est derrière toi
... et le gouvernement laisse la Sorbonne libre aux étudiants.
La Sorbonne devient alors le foyer central de la contestation. Les étudiants s'y retrouvent.
Regarde ce que j'ai trouvé : le tampon qui permet d'authentifier les diplômes !
Jette-le ! On n'en aura plus besoin ! C'est la révolution !
je prends mes désirs pour la réalité car je crois en la réalité de mes désirs.
Avec les autres membres du Mouvement du 22 mars, on développe nos idées partout.
Le pouvoir, on s'en fout ! On ne veut pas de clés ! On veut un monde sans serrures !
On collecte de l'argent pour acheter ce dont on a besoin.
Une interview ? C'est payant. On n'a plus de quoi se nourrir.

Avec ça, on peut s'acheter des vélos pour être plus mobiles.
Je passe d'un endroit à un autre. Une vraie sauterelle !
À Nanterre, des paysans bretons viennent nous livrer des pommes de terre et de la volaille...
... qu'on apporte aux ouvriers en grève. C'est la solidarité ouvriers-paysans-étudiants.
La révolte étudiante sert de détonateur au plus grand mouvement gréviste français. Peu à peu, des millions d'ouvriers campent dans les usines, paralysant tout le pays.
Le pouvoir aux travailleurs !

À la porte des usines, c'est difficile de gagner la confiance des vieux ouvriers. Certains nous détestent. C'est plus facile pour nous de discuter avec les jeunes.
oui
usines occupées
CAPITAL
L'UNION DANS L'ACTI
C'EST NOTRE FORC
C'est vrai, on ne sait pas toujours ce qui se passe à la tête de notre syndicat.
Ils ont renoncé depuis longtemps à la révolution et font tout pour freiner la lutte.
Je ne sais pas ce qu'on obtiendra au final.
Détruisons d'abord le capitalisme !

En mai 68, on fourmille de rêves. Tout semble possible. La révolution est pour demain ! La grève se généralise. Plus rien ne fonctionne !
Usines Universités Union
ABOLITION DE LA SOCIÉTÉ DE CLASSE
consommez plus vous vivrez moins

Les transports sont à l'arrêt. Il n'y a plus d'essence, plus d'argent.
Dans les rues, des gens qui ne se connaissent pas discutent entre eux.
la barricade ferme la rue mais ouvre la voie
LA SOCIÉTÉ EST UNE FLEUR CARNIVORE
LE POUVOIR AUX CONSEILS DE TRAVAILLEURS
A BAS LA SOCIÉTÉ SPECTACULAIRE-MARCHANDE

Jeunes et vieux, de tous les milieux. Jamais ils ne s'étaient rencontrés avec autant de facilité et d'allégresse. La parole se libère.
LES FRONTIÈRES ON S'EN FOUT !
L'imagination prend le pouvoir
Soyez réalistes, demandez l'impossible !

L'École des Beaux-Arts est aussi occupée par ses étudiants. Ils inventent des affiches qui reprennent certains slogans.
je participe
tu participes
il participe
nous participons
vous participez
ils profitent
LA BEAUTÉ EST DANS LA RUE
PRESSE NE PAS AVALER
TRAVAILLEURS FRANÇAIS IMMIGRÉS UNIS
LA CHIENLIT C'EST LUI !
CÉDER UN PEU C'EST CAPITULER BEAUCOUP
VIGILANCE! INDICATEURS "CIVIQUES"
INFORMATION LIBRE
REFORMES CHLOROFORME
On ne choisit qu'une proposition sur dix.

Tout le monde est en grève mais nous, on n'a jamais autant travaillé ! Pour faire les affiches, on s'amuse comme des fous. Jour et nuit !
Les ouvriers des imprimeries nous donnent le papier. Ça vient même des rotatives du « Figaro » !
le monde ou rien !
FRONTIÈRES = RÉPRESSION
CONTINUONS LA LUTTE
LE CAPITALISME SOMBRE
unité ouvriers paysans

Un jour, après de grandes manifestations épuisantes…
LE POUVOIR AUX TRAVAILLEURS
Comité d'Action Lycéen
on s'est retrouvés avec les copains du Mouvement du 22 mars chez mes parents.
Oui, à partir du lion de Belfort…
… on passera ensuite par le boulevard Raspail.
Bonsoir, Lily.
Bonsoir, mamie !
Regarde ce qu'ils ont écrit sur nous.
« Des égéries au regard diabolique. »
Ah, les salauds !
C'est vous, Cohn-Bendit ? Finalement, vous avez l'air plutôt gentil !

À la Sorbonne, il y a tout le temps des réunions. Avec parfois des discussions interminables.
Nous refusons la machine universitaire à faire de nous les futurs cadres de la société capitaliste !
PROLÉTAIRES UNISSEZ-VOUS
Ce n'est pas la société qu'il faut changer mais l'esprit des hommes !
On est jeune par l'esprit et non par l'âge !
Seule l'autonomie véritable permet la créativité !
FRONT UNI ANTI-IMPERIALISTE
Si on prenait le pouvoir ?
Pour en faire quoi ?
PARIS
On n'en veut pas !
TRACTS
Là, je ne sais pas trop où on va.

Les étudiants occupent
le théâtre de l'Odéon...
... lui aussi dans le quartier Latin.
La lutte s'étend à la culture.
ÉTUDIANTS - OUVRIERS
L'ODÉON EST OUVERT!!!

L'Odéon offre chaque jour le spectacle de la révolution.
L'imagination prend le pouvoir !
Sabotez l'industrie culturelle !
Réinventez la vie ! L'art, c'est vous !
À bas le théâtre bourgeois !
Jouons dans les usines !

On se retrouve le soir à Nanterre pour faire la fête. On en a besoin.
On danse, on dort sur place. Les facs sont occupées jour et nuit.
Beaucoup d'étudiants en profitent pour ne pas rentrer chez leurs parents.

la lutte continue
ENRAGEZ-VOUS
l'anarchie c'est je
CAPITAL
On écoute Janis Joplin et Jefferson Airplane à fond la caisse.
Oui, madame, rassurez-vous, votre fils va bien, il est avec nous.
DE LA RÉVOLTE À LA RÉVOLUTIO
« Les loups sont entrés dans Paris », de Serge Reggiani, aussi. J'ai l'impression que ça parle de nous, de la lutte des classes, de la présence d'un danger imminent…

En 1968, la majorité est à 21 ans. Je n'en ai que 20. Je vais rejoindre en douce mon copain, qui dort sur le campus universitaire de Nanterre.
Tu pars déjà ?
Je dois rentrer avant que mes parents se lèvent.
Mai 68, contrairement à ce que tout le monde pense, ce n'est pas encore la libération sexuelle.
OPERAI - STUDENTI UNITI SI VINCE
Peu de femmes sont présentes dans les débats. Pourtant je ne me sens pas féministe.
Ce n'est qu'un début, continuons le combat !
Les femmes ont une place à prendre mais ce n'est pas une lutte en soi : pour mes camarades et moi, la libération des femmes doit venir avec la libération sociale.
À bas l'État policier !

Le 24 mai, Charles de Gaulle, président de la République, demande aux Français de lui donner, par référendum, le mandat d'accomplir une réforme des entreprises et de l'université.
A BAS
LES CADENCES INFERNALES
Au cas où votre réponse serait non, je n'assumerais pas plus longtemps ma fonction.
Tout de suite !
Après son discours, nous agitons nos mouchoirs de protection contre les gaz lacrymogènes.
Adieu de Gaulle ! Adieu !
La manifestation se termine par une nouvelle nuit des barricades.
La Bourse est prise d'assaut, mise à sac et incendiée.
Les affrontements sont particulièrement violents et des étudiants en médecine apportent les premiers secours aux blessés.

Le 27 mai, après deux jours de pourparlers avec les syndicats, l'État propose d'augmenter le smic de 35 %, une semaine de 40 heures et une meilleure couverture sociale. Ces mesures sont insuffisantes pour changer une société, mais seuls les ouvriers de l'usine Renault de Flins (78) poursuivent la lutte. On va les soutenir lors des derniers affrontements avec les CRS.
Un jeune manifestant meurt ce jour-là.
La Sorbonne et l'Odéon sont évacués. C'est le retour à la normalisation.
LIBÉREZ L'EXPRESSION
Les examens sont reportés à la rentrée.
L'été approche. Tout le monde pense déjà aux vacances.
RETOUR À LA NORMALE
Les graffitis sont effacés. Les pavés goudronnés.

Les mouvements d'extrême gauche sont interdits.
Mon copain et moi sommes restés trois jours en garde à vue pour « mise en danger de l'État ».
Mais j'étais dans le vrai et rien ne m'aurait fait plier.
Je peux aller pisser ?
Je me souviens d'avoir jeté des feuilles de mon carnet dans les toilettes, selon les bonnes méthodes révolutionnaires, pour que la police ne trouve pas les noms d'autres copains.

Cinquante ans après, Mai 68 m'a laissé de belles amitiés avant tout, des amitiés très fortes avec l'équipe du 22 mars.
Ce ne fut pas seulement un mouvement étudiant. Ce fut aussi beaucoup un mouvement ouvrier.
Pour moi, mai 68 n'a pas été une parenthèse mais un début. Cela s'est poursuivi d'une manière différente.
Par la suite, on a respiré un peu mieux.
La majorité fut accordée à 18 ans.
À l'école ou dans les familles, les jeunes furent mieux considérés, plus écoutés.
SOIS JEUNE ET TAIS TOI
Mai 68 a été important sur l'évolution du comportement des gens.
POUVOIR POPULAIRE
Le sens de la liberté, l'exigence de liberté des femmes, le goût du paritarisme, la liberté sexuelle, le refus des hiérarchies.

* « La Semaine sanglante », écrite en 1871 pendant la Commune de Paris.

Cinquante ans plus tard, l'esprit de Mai 68 est toujours dans la rue

— Bon sang, Michaud ! Vous l'aurez jamais, votre année !

Réactions à chaud

Les slogans de Mai 68 sont toujours d'actualité. Lionel Serre, Charlie Poppins et Thibaut Soulcié s'en font l'écho.

IL Y A CINQUANTE ANS, EN MAI 1968, LA FRANCE CONNAISSAIT UN MOIS DE RÉVOLTES ÉTUDIANTES MÊLÉES À DES GRÈVES OUVRIÈRES DANS TOUT LE PAYS. DE NOMBREUX PHOTOGRAPHES ONT SUIVI CETTE ACTUALITÉ, MAIS PEU ONT RÉALISÉ UNE IMAGE DEVENUE AUSSI SYMBOLIQUE QUE CELLE PRISE PAR JEAN-PIERRE REY.

La Marianne de Mai 68

EN MAI 1968, LA JEUNESSE ÉTUDIANTE PARISIENNE EST DANS LA RUE. ELLE SE RÉVOLTE CONTRE LES RÈGLEMENTS INFANTILISANTS DANS LES FACS ET PRÔNE LA LIBÉRATION SEXUELLE. ELLE DÉNONCE LE CAPITALISME ET LA SOCIÉTÉ DE CONSOMMATION. EN QUELQUES JOURS, ELLE ENTRAÎNE DANS SON MOUVEMENT LES TRAVAILLEURS ET LES SYNDICATS, PARALYSANT LA FRANCE ET MENAÇANT LE GOUVERNEMENT EN PLACE.

Par **Pauline Auzou** et **Fabien Roché**

LE 13 MAI, JEAN-PIERRE REY PHOTOGRAPHIE UNE JEUNE FILLE QUI DÉFILE SUR LES ÉPAULES DE SON AMI, PRÈS DU JARDIN DU LUXEMBOURG, À PARIS. SON CORPS, PLACÉ AU CENTRE DE L'IMAGE, SURPLOMBE LA FOULE ET S'EN DÉTACHE. ELLE PORTE LA BANNIÈRE DU VIETNAM POUR PROTESTER CONTRE LE CONFLIT DANS LEQUEL LES ÉTATS-UNIS S'ENLISENT.

SUR CETTE PHOTO, LA JEUNE FEMME EST BELLE, ELLE POSE AVEC ÉLÉGANCE. PAS ÉTONNANT ALORS D'APPRENDRE PAR LA SUITE QU'ELLE EST MANNEQUIN. CETTE JEUNE ANGLAISE HABITE CHEZ UNE TANTE, DANS LE QUARTIER LATIN. COMME DES MILLIERS DE JEUNES, ELLE DÉCIDE CE JOUR-LÀ DE RETROUVER DES AMIS POUR DÉFILER ET FAIRE LA FÊTE. DEVANT LES OBJECTIFS, ELLE SE REDRESSE. ELLE DEVIENT « LA MARIANNE DE MAI 68 »...

SON BUSTE TENDU ET LE DRAPEAU BRANDI RAPPELLENT « LA LIBERTÉ GUIDANT LE PEUPLE », UN TABLEAU PEINT PAR EUGÈNE DELACROIX EN 1830. CETTE RÉFÉRENCE CULTURELLE INSCRIT LA PHOTO DANS UN CADRE PLUS UNIVERSEL, CELUI D'UN PEUPLE QUI LUTTE CONTRE LE POUVOIR EN PLACE.

PUBLIÉE DANS PLUSIEURS MAGAZINES, CETTE IMAGE FAIT RAPIDEMENT LE TOUR DU MONDE. EN OUVRANT « PARIS MATCH » AU PETIT-DÉJEUNER, LE RICHISSIME COMTE MAURICE ARNOLD DE BENDERN RECONNAÎT SA PETITE-FILLE. FURIEUX, IL DÉCIDE DE LA DÉSHÉRITER.

CAROLINE DE BENDERN NE SE RÉCONCILIERA JAMAIS AVEC SON GRAND-PÈRE — QUI MOURRA QUELQUES MOIS PLUS TARD. POUR DÉFENDRE SON DROIT À L'IMAGE, ELLE PORTERA PLAINTE CONTRE LE PHOTOGRAPHE. MAIS ELLE PERDRA SON PROCÈS, LA JUSTICE ESTIMANT QUE CE CLICHÉ, PRIS DANS UN LIEU PUBLIC, ILLUSTRE UN FAIT HISTORIQUE.

DE QUI SE MOQUE-T-ON ?

LOUIS XIV Y TRÔNE AU MILIEU DE SA COUR ET VLADIMIR POUTINE Y CÔTOIE NICOLAS SARKOZY, PAS LOIN D'ALBERT EINSTEIN. EN EXPOSANT 200 PERSONNALITÉS DANS SES SALLES, LE MUSÉE GRÉVIN NOUS PROPOSE DE PARTIR À LA RENCONTRE DE CEUX QUI ONT MARQUÉ L'HISTOIRE. ALORS, NON ! KEV ADAMS N'EN AVAIT PAS RIEN À CIRER LORSQU'ON LUI A PROPOSÉ D'Y EXPOSER UNE STATUE À SON EFFIGIE !

→ Kev Adams

Par **Pochep**

VOUS CONNAISSEZ LE MUSÉE GRÉVIN ?
C'EST UN MUSÉE PARISIEN QUI EXPOSE DES EFFIGIES EN CIRE...
De Gaulle
... DE CÉLÉBRITÉS ET DE PERSONNALITÉS HISTORIQUES OU DU MOMENT.
Stromae
Maître Gims
PARFOIS, POUR BOOSTER MA VISIBILITÉ SUR LES RÉSEAUX SOCIAUX, JE VAIS AU MUSÉE GRÉVIN POUR FAIRE DES SELFIES AVEC CERTAINES STATUES...
Matt Pokora
UNE FOIS POSTÉES AVEC QUELQUES FILTRES, CES PHOTOS PEUVENT VRAIMENT DONNER L'ILLUSION QUE J'AI RÉELLEMENT RENCONTRÉ CES VEDETTES !
242 371 J'aime
Charlotte matt ! tro bo tro cool ! kel chance
Laurence han j'aimeré tro etre a ta place
Luce tro la chance vous etes tro chou ! :)
LE MUSÉE GRÉVIN EST UN BON MOYEN DE MESURER LA POPULARITÉ DE QUELQU'UN...
Omar Sy
Kendji Girac
... ET ÉGALEMENT LA BAISSE DE POPULARITÉ D'AUTRES STARS LORSQUE LEURS STATUES SONT RETIRÉES DU MUSÉE...
Lorie
Diam's
FIN 2016, À SEULEMENT 25 ANS, KEV ADAMS A INAUGURÉ SON EFFIGIE DE CIRE AU MUSÉE GRÉVIN, SIGNE D'UNE RENOMMÉE EN PLEINE ASCENSION...
TÉLÉ, CINÉMA, SCÈNE... KEV ADAMS EST PARTOUT !
KEV ADAMS EST AUSSI TRÈS PRÉSENT SUR LES RÉSEAUX SOCIAUX...

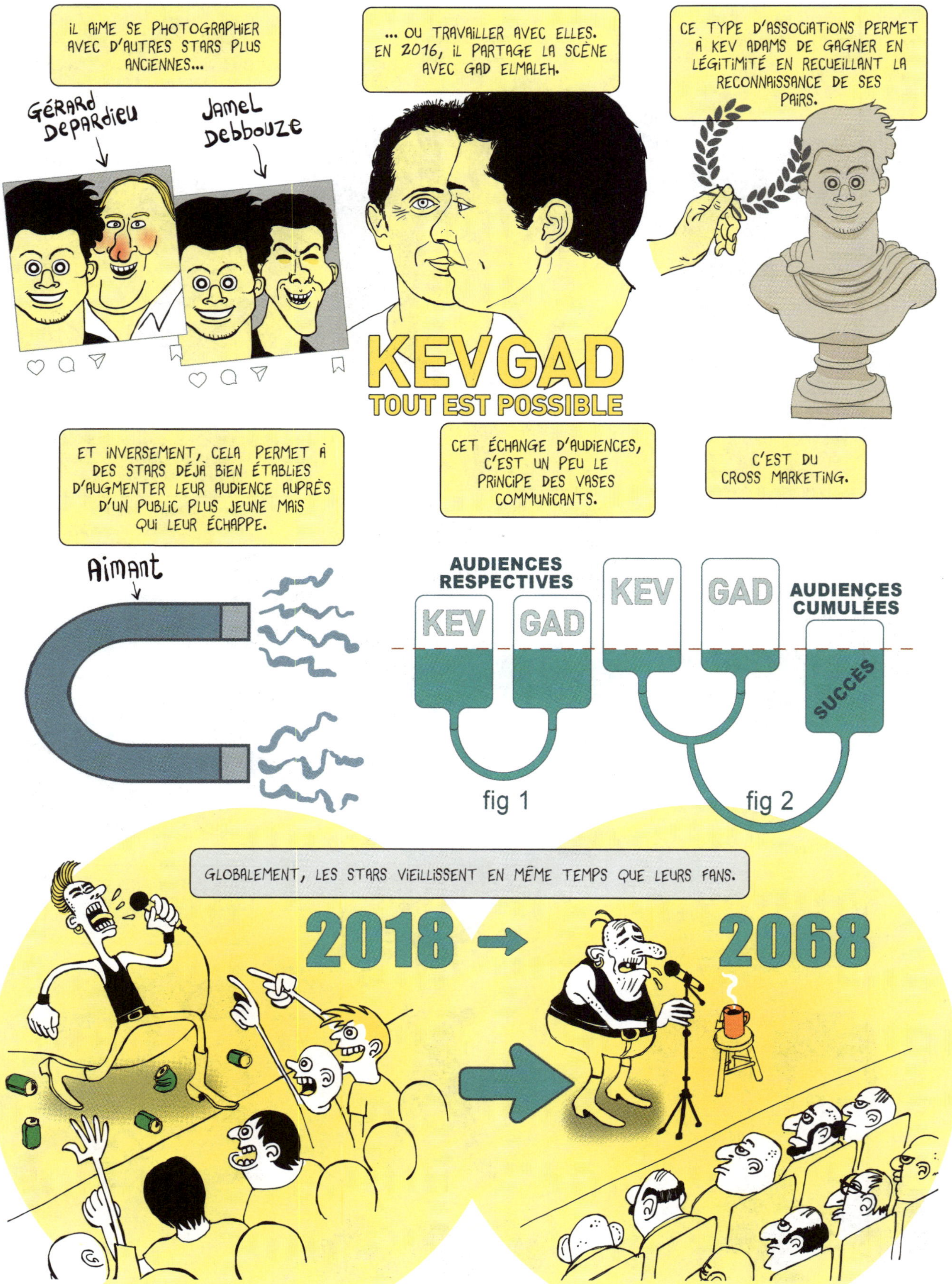
IL AIME SE PHOTOGRAPHIER AVEC D'AUTRES STARS PLUS ANCIENNES...
GÉRARD DEPARDIEU
JAMEL DEBBOUZE
... OU TRAVAILLER AVEC ELLES. EN 2016, IL PARTAGE LA SCÈNE AVEC GAD ELMALEH.
KEVGAD
TOUT EST POSSIBLE
CE TYPE D'ASSOCIATIONS PERMET À KEV ADAMS DE GAGNER EN LÉGITIMITÉ EN RECUEILLANT LA RECONNAISSANCE DE SES PAIRS.
ET INVERSEMENT, CELA PERMET À DES STARS DÉJÀ BIEN ÉTABLIES D'AUGMENTER LEUR AUDIENCE AUPRÈS D'UN PUBLIC PLUS JEUNE MAIS QUI LEUR ÉCHAPPE.
CET ÉCHANGE D'AUDIENCES, C'EST UN PEU LE PRINCIPE DES VASES COMMUNICANTS.
C'EST DU CROSS MARKETING.
Aimant
AUDIENCES RESPECTIVES
KEV
GAD
fig 1
KEV
GAD
AUDIENCES CUMULÉES
SUCCÈS
fig 2
GLOBALEMENT, LES STARS VIEILLISSENT EN MÊME TEMPS QUE LEURS FANS.
2018
2068

DANS QUELQUES ANNÉES, LORSQU'IL SERA DEVENU UNE STAR "CLASSIQUE" ET TRÈS GRAND PUBLIC, PEUT-ÊTRE QUE KEV ADAMS CHERCHERA À DEVENIR L'AMI DES JEUNES VEDETTES DU FUTUR...
Kev Adams du futur
Vedette du futur
CE DOIT ÊTRE TERRIBLE POUR UNE STAR D'APPRENDRE QUE SA STATUE DE CIRE A ÉTÉ RETIRÉE DU MUSÉE GRÉVIN ...
JE ME DEMANDE CE QU'ILS FONT DE CES STATUES DÉMODÉES...
EST-CE QU'ELLES SONT TOUTES ENTREPOSÉES DANS UNE MÊME PIÈCE RECULÉE, UNE SORTE DE MUSÉE PARALLÈLE DE L'OUBLI ?
Faudel
Patrick Bruel
OU ALORS, ELLES SONT FONDUES POUR ENSUITE SCULPTER LES FIGURES PLUS À LA MODE...
JEAN-PIERRE, J'AI FONDU DE VIEILLES STATUES ET J'AI RÉCUPÉRÉ 150 KG DE CIRE...
LAISSE-LES-MOI, J'EN AURAI BESOIN POUR TERMINER LA NOUVELLE STATUE DE GÉRARD DEPARDIEU.
Pochep

Élisabeth II

Marionnette pour les uns, symbole de la monarchie britannique pour les autres, la reine d'Angleterre règne sur le trône depuis 66 ans.

On la retrouve sur des mugs, dans des boules à neige ou encore sur des pièces de monnaie. La reine d'Angleterre est une icône de chair et d'os. Lorsqu'elle défile, chaque année, dans les rues de Londres dans son carrosse doré, on n'en croit pas nos yeux. Rien à voir, pourtant, avec un spectacle du musée Grévin, c'est bien la reine d'Angleterre qui parade à 91 ans.

Toute-Puissante. Élisabeth II est la souveraine britannique qui a passé le plus de temps sur le trône : soixante-six ans depuis qu'elle a pris le titre de reine, le 6 février 1952 ! Ce jour-là, c'est une jeune femme de 25 ans qui apprend la mort de son père, le roi George VI. Elle devient reine à la minute où lui arrive la nouvelle. On dit « reine d'Angleterre » et pas « reine du bout du monde » mais, en fait, sa couronne coiffe d'anciennes colonies britanniques. L'ensemble de ces seize royaumes s'appelle le Commonwealth, et s'étend bien loin de Buckingham Palace, son célèbre palais royal, à Londres : Élisabeth II est aussi reine du Canada, des Bahamas, de Nouvelle-Zélande ou encore d'Afrique du Sud. Tout au long de son règne, elle voyagera régulièrement dans ces contrées… sans passeport : la reine est la seule à ne pas en avoir !

Populaire. Mais ces pays ont tous un gouvernement indépendant, et c'est à Londres que le rôle de la reine d'Angleterre est le plus important. Les sondages montrent que nos voisins britanniques sont très attachés à leur monarchie. Et même si, récemment, la presse a révélé que la reine avait placé son argent dans des paradis fiscaux, l'idée de remplacer le trône par un président de la République élu par le peuple n'est pas dans l'air du temps outre-Manche.

Par **Chloé Leprince** et **Benoît Lamare**

Exemplaire. La reine réussit-elle à rester aussi populaire parce qu'on ne sait pas ce qu'elle pense ? La loi lui interdit de donner son avis sur la vie politique de son pays. Elle est censée représenter tous ses sujets, et ne pas se laisser emporter par les batailles politiques. Officiellement, Élisabeth II est un sphinx. Mais certains cherchent des messages cachés dans le choix d'un chapeau ou une mimique. Impossible de confirmer : même le discours rituel que la reine prononce chaque année n'est pas d'elle, c'est le gouvernement du Premier ministre qui le lui l'écrit.

Autoritaire. En privé, Élisabeth II est réputée être tout sauf une marionnette. Ses visiteurs ont interdiction de la toucher ou de mâcher du chewing-gum, mais la souveraine, elle, n'a pas la réputation d'avoir sa langue dans sa poche. Quand ses petits-fils, William et Harry, viennent voir leur très royale grand-mère, il est de notoriété publique qu'ils doivent filer doux. Pour les deux fils du prince Charles et de Diana, Élisabeth II a d'ailleurs tenu à valider leur projet de mariage avant que l'annonce ne soit officielle : c'est elle qui façonne l'image de la monarchie britannique. Dans les deux cas, celle que Philip, son mari depuis soixante-dix ans, appellerait « mon chou » loin du protocole, a donné son accord alors que les fiancées n'étaient pas nobles.

Inclassable. La reine, qui a monté à cheval jusqu'à un âge avancé, se passionne pour l'élevage des dorgis, une race de chiens qu'elle a créée en croisant un teckel et un welsh corgi. Mais derrière cette image très gentlewoman farmer, Élisabeth II se serait montrée beaucoup moins conventionnelle auprès de certains visiteurs, comme ce prince arabe qui raconte l'avoir implorée de ralentir alors qu'elle le conduisait sur des routes escarpées d'Écosse, le pied à fond sur le champignon. La reine aime la vitesse, le tir à la carabine et les belles voitures. Jusqu'à ce que son carrosse se transforme en citrouille ?

Pourquoi certains peuvent-ils entrer en Europe et d'autres pas ?

Ils ont fui leur pays dévasté par la guerre ou l'extrême pauvreté. Chaque année, ils sont des milliers à traverser la Méditerranée pour rejoindre l'Europe, promesse d'une vie meilleure. Face à cet afflux de migrants, les États européens ont décidé d'appliquer une politique migratoire commune pour mieux contrôler leurs frontières. Et, pouvoir choisir leurs réfugiés.

Par **Taina Tervonen** et **Matthias Malingrëy**

Voici Anna du Canada, Aïda du Mali et Ismail d'Érythrée. Ils ont tous les trois 19 ans.

Anna veut faire un stage dans une entreprise française. Pour voyager, son passeport suffit. Là, pas de problème !

Pour Aïda, qui veut faire des études en France, c'est plus compliqué. Elle doit obtenir un visa long séjour à l'ambassade de France, et avoir :

Pour Ismail, c'est beaucoup plus dur ! Il a décidé de fuir son pays pour échapper au service militaire, qui peut durer des années. Il voudrait rejoindre son cousin à Marseille. Un vrai parcours du combattant !

L'Érythrée est une dictature où émigrer est un délit. Ismail ne peut pas demander de visa. Il doit passer les frontières illégalement et ça coûte cher de payer un passeur.

La question du moment

Anna vient d'un pays occidental riche, elle peut voyager librement. Pas de problème !

Aïda vient d'un pays pauvre, elle doit prouver qu'elle a de l'argent et un toit. C'est plus compliqué !

Ismail vit dans une dictature, il doit risquer sa vie pour traverser les frontières. C'est beaucoup plus dur !

En Europe, les pays se sont mis d'accord pour créer un espace de libre circulation. C'est l'espace Schengen.

En revanche, les frontières extérieures de cet espace sont très surveillées. N'y entre pas qui veut !

L'agence Frontex, qui veille au grain, a été créée par l'Europe en 2005.

C'est Frontex qui organise des opérations en mer et des patrouilles pour arrêter tous ceux qui tentent de traverser les frontières illégalement, comme Ismail.

C'est Frontex qui s'occupe aussi de renvoyer chez eux les sans-papiers.

C'est encore Frontex qui forme les gardes des pays voisins de l'Europe, comme la Libye, pour qu'ils surveillent mieux les frontières.

Et c'est toujours Frontex qui a repéré le Zodiak surchargé d'Ismail en mer...
... et qui l'a fait débarquer en Italie.
Les empreintes digitales d'Ismail y ont été enregistrées. Pour rester en Europe, il devra demander l'asile à l'Italie.
S'il se rend chez son cousin à Marseille et demande l'asile en France, il sera renvoyé en Italie. Pour Ismail, c'est vraiment la galère !
Et plus ça va, plus l'Europe doit mettre de l'argent pour contrôler ses frontières.
FRONTEX // ÉVOLUTION
Budget 2017
302 millions d'euros
Budget 2005
19 millions d'euros
L'Europe a réussi à se mettre d'accord sur la façon de fermer ses frontières, mais ce n'est pas si simple...

Car quand il s'agit d'accueillir les réfugiés, c'est une autre histoire ! Personne n'en veut !
J'en ai accueilli pas mal, à ton tour d'en prendre !
Moi, j'en ai déjà plein !
Désolée, je n'ai plus de place !
Réfugiés

La plupart des migrants qui traversent la Méditerranée débarquent en Italie ou en Grèce.
Ces deux pays ont beau dire qu'ils ne peuvent pas s'occuper de tout le monde...
Ça va pas être facile.
Gagné !

... les autres pays européens leur répondent qu'ils n'ont qu'à mieux surveiller leurs frontières.
Perdu...
Pour cette fois !
Reviens dans 5min.

Mais pourquoi les Européens ont-ils peur des migrants ?

En 2015, un million de personnes sont arrivées illégalement en Europe, comme Ismail. Beaucoup de Syriens, d'Afghans et d'Irakiens fuyaient les conflits dans leur pays et tentaient de rejoindre l'Europe par la Libye ou la Turquie.

Un million de migrants, c'est une toute petite partie des réfugiés dans le monde !

Mais pour l'Europe, c'est déjà trop !

La question du moment

Elle a négocié avec une vingtaine de pays africains. Leur mission : empêcher les migrants de quitter leur pays d'origine.
En échange, l'Europe leur a promis 1,8 milliard d'euros.
En gros, l'Europe aimerait bien que les autres pays surveillent les frontières à sa place.
Mais jusqu'où peut-on pousser les frontières ? La terre est ronde, après tout.
En 2016, plus de 5 000 personnes sont mortes en traversant la Méditerranée.
3 777 en 2015
5 079 en 2016
Le nombre de victimes augmente. Parce qu'à chaque fois que l'on ferme une route, une autre se crée ailleurs, souvent sur un trajet plus dangereux.

Alors, on fait comment ?
On ne peut pas construire un mur de 9 000 km autour de l'Europe, ni aligner des navires militaires sur 44 000 km de mer.
ICI PROCHAINEMENT :
MUR
INFRANCHISSABLE !
Les gens voyagent et changent de pays pour étudier...
... pour travailler...
... pour être en sécurité.
C'est ce qu'on appelle la mobilité et ça fait partie du monde d'aujourd'hui partout sur la planète.
Mais ça, l'Europe ne semble pas l'avoir compris.

Peut-être faudrait-il imaginer des solutions qui facilitent la mobilité pour tout le monde, au lieu d'empêcher à tout prix les gens d'aller où ils le souhaitent.
La population vieillit.
Le besoin de main-d'œuvre augmente.
Les pays européens ont donc tout à gagner de l'énergie des jeunes comme Anna, Aïda et Ismail.
Voilà de quoi réfléchir pour les dirigeants européens.

ÇA PART EN LIVE

UNE PHOTO DE LA PRINCESSE DIANA, DU PAPIER TOILETTE NOIR, UN TRAITEUR VÉGÉTARIEN... QUAND LES ROCK STARS SONT EN TOURNÉE, IL FAUT LES BICHONNER, LES DORLOTER, MAIS AUSSI DÉCORER LEUR LOGE SELON LEURS DÉSIRS. ET CERTAINS SONT SANS LIMITE !

Parce que je le vaux bien

Par **Vincent Brunner** et **Marion Mousse**

NE MENTEZ PAS, VOUS AVEZ TOUJOURS RÊVÉ D'ALLER DANS LES COULISSES, LES BACKSTAGES COMME ON DIT EN VO, VOIR VOS ARTISTES PRÉFÉRÉS. ET POURQUOI PAS, DE TRINQUER AVEC EUX EN BUVANT UN VERRE DE ~~WHISKY~~. JUS D'ORANGE
VOS PARENTS LISENT PEUT-ÊTRE CETTE REVUE !
TU M'AS POUSSÉ, LÀ !
N°37 !
OUPS
Y PARAÎT QU'IL DEMANDE UN PONEY VIVANT DANS SA LOGE À CHAQUE TOURNÉE !
MAIS ATTENTION, ON ENTEND TOUT ET N'IMPORTE QUOI SUR CE QU'IL S'Y PASSE...
MOI, J'AI FAIT LES BACKSTAGES DE MARILYN MANSON.
NAAAAA !?? ALORS T'AS ÉTÉ PRIS AU HASARD DANS LE PUBLIC POUR ÊTRE SACRIFIÉ ?!
C'EST TOUT COMME. IL M'A OBLIGÉ À MANGER DES NOUNOURS EN GÉLATINE.
J'AI CRU MOURIR.
EH OUI, L'AUTOBAPTISÉ ANTICHRIST, LE MORT-VIVANT FAN DE MAGIE NOIRE, INSISTE POUR QU'IL Y AIT DANS LES LOGES DES BONBONS ACIDULÉS ET, À LA FIN DU CONCERT..., DU POP CORN.
OUAIS, J'ADORE REGARDER LE MAÏS AGONISER AVANT QU'IL N'EXPLOSE !
BZZZZZZZZZZ
POP CORN
AH AHARRRG !
MAIS ?!
LE LANCER DE HAMSTER, LES COCKTAILS AU SANG HUMAIN ?!
ET LES GROUPIES QU'ON TORTURE AVEC DE LA VIANDE ET DES LASAGNES ?!
QUE DALLE !
OUI, JE SAIS, C'EST HORRIBLE.
JE VAIS VOMIR.
UNE CHOSE EST SÛRE, MANSON RÉCLAME QUAND MÊME PAS MAL D'ALCOOL...
C'EST POUR FAIRE GLISSER LE POP CORN !
ON LE SAIT, C'EST ÉCRIT NOIR SUR BLANC SUR SON « RIDER ».

LE « RIDER », QU'EST-CE QUE C'EST ? RIEN À VOIR AVEC UN MOTARD OU UN CHAMPION DU BMX...
VROUM !
VROUM !!
QUAND JE TE DISAIS D'ALLER CHERCHER LE RIDER, JE PARLAIS DE L'ANNEXE À NOTRE CONTRAT, MEC.
?!
T'ES SÛR QUE T'ES MANAGER DE STAR, TOI ?
LE « RIDER » EST UN DOCUMENT DE PLUSIEURS PAGES OÙ LES MANAGERS INDIQUENT LES BESOINS DE LEURS ARTISTES.
DE QUELLE COULEUR, LES BONBONS EN FORME DE NOUNOURS ?
ON PRÉCISE LA TAILLE DE LA SCÈNE, LA SÉCURITÉ, MAIS AUSSI LA DISPOSITION DES LOGES ET LES ALIMENTS ET BOISSONS.
C'EST POUR QUE LA STAR, FATIGUÉE PAR LES VOYAGES, SE SENTE BIEN AVANT OU APRÈS LE CONCERT.
J'AVAIS DIT UN PONEY ! PAS UNE PELUCHE !!
BREF, EXAUCER LES SOUHAITS DE L'ARTISTE À LA LETTRE, MÊME SI PARFOIS ILS PARAISSENT... UN PEU BIZARRES...
Munchies
Potato chips with assorted dips
Nuts
Pretzels
M & M's (WARNING: ABSOLUTELY NO BROWN ONES)
Twelve (12) Reese's peanut butter cups
Twelve (12) assorted Dannon yogurt (on ice)
Supplies
Forty-eight (48) large, bath-size cloth tow
One hundred (100) cups for cold drinks (16
Fifty (50) styrofoam cups (minimum 10 oz.)
bowls (not paper or plastic)
... COMME POUR LE GROUPE DE HARD GLAM AMÉRICAIN VAN HALEN (POUR LES FANS DE FOOT, « JUMP », L'HYMNE DE L'OM, C'EST EUX).
CLAC !
PURÉE !! C'EST POURTANT ÉCRIT NOIR SUR BLANC : UN BOL DE M&M'S SANS AUCUN M&M'S BRUN !!
JE SUIS DALTONIEN, J'AI ENLEVÉ LES VERTS.
LE CHANTEUR DU GROUPE, DAVID LEE ROTH, EXPLIQUE CETTE CONSIGNE.
ON VOIT SI LES ORGANISATEURS ONT LE SOUCI DU DÉTAIL. SI ON TROUVE DES M&M'S BRUNS, ON PEUT, À RAISON, S'INQUIÉTER POUR LE RESTE !
OOOH D'ACCORD !
MAIS POURQUOI LES BRUNS, ALORS ?

L'UN DES VOLETS LES PLUS IMPORTANTS DU RIDER CONCERNE LE RÉGIME ALIMENTAIRE. LA TENDANCE ACTUELLE ÉTANT LE REFUS DE MANGER DES ANIMAUX...
LA TENDANCE ACTUELLE ?!
JE SUIS VÉGÉTARIEN DEPUIS LES ANNÉES 1970, MEC !
PAUL MCCARTNEY (LES BEATLES, ETC.)
C'EST VRAI, ÇA FAIT LONGTEMPS QUE PAULO EST UN DÉFENSEUR ASSIDU DE LA CAUSE ANIMALE...
ALORS, LÀ, C'EST MICHELLE (MA BELLE), YESTERDAY... ICI, C'EST YELLOW SUBMARINE, HELP, ET PUIS, AU FOND...
IL EXIGE AINSI QU'AUCUNE VIANDE NE SOIT SERVIE À LUI OU À SES ACCOMPAGNATEURS. IL REFUSE MÊME QUE LES SIÈGES DE LA LIMOUSINE QUI L'AMÈNE À SES CONCERTS SOIENT EN CUIR (OUI, LE CUIR EST FAIT DE PEAU D'ANIMAL).
MAIS, PAUL, LA SELLE EST EN PLASTIQUE !!
LE PLASTIQUE, C'EST DU PÉTROLE QUI POLLUE ET QUI TUE LA NATURE !
TROUVE-MOI UN CHEVAL AVEC UNE SELLE EN JONC DE MER !
PAREIL POUR LE MOBILIER DE SA LOGE : RIEN D'ANIMAL. EN REVANCHE, PAULO ADORE LES FLEURS !
MES ROSES...
MES LYS...
MES FREESIAS...
MA SALADE DE QUINOA !!!
AUTRE ROCKER VÉGÉTARIEN, MAIS PLUS EXTRÊME ENCORE, L'ANGLAIS MORRISSEY EXIGE QUE PERSONNE NE MANGE DE VIANDE PENDANT SES CONCERTS. ET SUR LES GROS FESTIVALS, SI DE LA VIANDE EST CUISINÉE, SA LOGE DOIT SE SITUER LOIN, VOIRE À L'OPPOSÉ.
AH BEN BRAVO, LE CUISTOT ! BRAVO !
BANDE DE BARBARES !!
MAIS J'Y SUIS POUR RIEN, C'EST LE VENT QUI A TOURNÉ !!
SMITHS

LA CHANTEUSE ET ACTRICE JENNIFER LOPEZ, ELLE, A RÉCLAMÉ DES LOGES OÙ TOUT DOIT ÊTRE BLANC : LES MEUBLES, LES FLEURS, LES BOUGIES, LES DIVANS...
JE NE VOIS PAS MON VERRE DE LAIT !
À VOTRE DROITE, MADEMOISELLE LOPEZ...
QUANT À BRITNEY SPEARS, ELLE A BESOIN DE SE RÉGÉNÉRER SPIRITUELLEMENT.
LE CHEESEBURGER DE MISS BRITNEY SPEARS (SANS LE PETIT PAIN).
ET LA PHOTO DE DIANA ?!
BRITNEY SPEARS
MISS SPEARS NE MANGE PAS SA SALADE..., EUH SON CHEESEBURGER, SANS UNE PHOTO DE LADY DIANA !
VOUS ÊTES VISIBLEMENT FOLLE DE LA PRINCESSE DIANA. PEUT-ON PARLER D'OBSESSION ?
BLABLABLA ! ATTENDEZ, TOUT ÇA PARCE QUE J'EXIGE QU'UNE PHOTO D'ELLE SOIT PRÉSENTE QUAND JE MANGE ? PARCE QUE J'AI UN MUSÉE À SA GLOIRE À LA MAISON ? ET QUE JE M'EXERCE À IMITER SON ACCENT ?
ÇA S'APPELLE LE RESPECT, MONSIEUR LE JOURNALISTE !
CNN
IL FAUT DIRE QU'ELLES ONT UN POINT COMMUN : ELLES ONT ÉTÉ TRAQUÉES PAR LES PAPARAZZI. MAIS UNE SEULE A SURVÉCU...
POUR L'INSTANT !
ILS ONT TUÉ LA PRINCESSE ET C'EST MOI LA SUIVANTE !
BAAH, SUFFIT D'ÉVITER LES TUNNELS À PARIS.
HÉHÉ...
MOINS FLIPPANT, PHARRELL WILLIAMS RÉCLAME UNE PHOTO DE SON COMPATRIOTE CARL SAGAN.
C'ÉTAIT UN ASTROPHYSICIEN ! JE L'AI DÉCOUVERT PETIT, À LA TÉLÉ DANS « COSMOS » !
IL A AUSSI ENREGISTRÉ DE SON VIVANT UN MESSAGE POUR LES MARTIENS. C'EST PAS HAPPY, ÇA ?!
QUAND JE REGARDE CETTE PHOTO, JE RÉALISE COMBIEN NOUS SOMMES CHANCEUX DE VIVRE SUR CETTE PLANÈTE ET DE FAIRE CE QU'ON AIME !
OUAIS, T'AS RAISON, MON POTE !! HAPPY !
HÉ, T'AS PAS 10 BALLES, HISTOIRE DE FAIRE CE QUE J'AIME ?

S'IL DOIT Y AVOIR UN ROI DU RIDER, C'EST INDÉNIABLEMENT IGGY POP...
L'ANCIEN CHANTEUR DES STOOGES EST EN ACTIVITÉ DEPUIS LES ANNÉES 1970.
... OU PLUTÔT JOS GRAIN, SON TOUR-MANAGER. DANS LES ANNÉES 1990, JOS TROUVAIT QUE LE RIDER DE SON ARTISTE ÉTAIT UN PEU AUSTÈRE...
UN INGÉNIEUR DU SON QUI PARLE ANGLAIS...
ET N'A PAS PEUR DE LA MORT ?
INTERDICTION DE CHANGER D'ÉCLAIRAGE PENDANT UN MORCEAU : POUR LE RESPECT DE CETTE CONSIGNE, METTRE UNE PERSONNE ARMÉE D'UN BÂTON À CÔTÉ DU RÉGISSEUR LUMIÈRE !?
C'EST VOUS LE PRÉPOSÉ À LA LUMIÈRE ?
EUH... ?
LOVE
NON.
PAREIL POUR SA LOGE. IGGY N'EXIGEAIT RIEN DE TRÈS ROCK'N'ROLL, PLUTÔT UN ENDROIT COOL AVEC DE L'ART OÙ IL POURRAIT MÉDITER... MAIS JOS N'A PAS TARDÉ À RÉAGIR.
LES SEPT NAINS DÉGUISÉS EN BLANCHE-NEIGE !
T'EXAGÈRES, MEC !
BAH, C'EST DRÔLE.
SEULEMENT, ON NE DIT PAS « NAIN », MAIS « PERSONNE DE PETITE TAILLE » ! Y A DES LIMITES À L'HUMOUR, QUAND MÊME !
EN PLUS, ON N'EST PAS VRAIMENT NAINS...
JE VEUX DIRE DE PETITE TAILLE...
PURÉE, MAIS TAIS-TOI, BOB !

ALORS, UNE MINI COMPÉTITION S'EST INSTALLÉE POUR SAVOIR QUI AURAIT LE RIDER LE PLUS COOOOOL. ET LE GAGNANT EST...
les FOO FIGHTERS
FAUT RECONNAÎTRE QUE LE GROUPE AMÉRICAIN A BOSSÉ.
MOTS CROISÉS, COLORIAGES...
FIELD GUIDE TO FOOD
COLORING BOOK AND ACTIVITY PAGES
ET MÊME UN « CHERCHEZ L'INTRUS »...
ACTIVITY PAGE
Circle the items that belong in a salad
FINS GOURMETS, LES FOO FIGHTERS ONT AUSSI PARTICIPÉ À L'ÉDITION AMÉRICAINE DE TOP CHEF. POUR THANKSGIVING (OÙ LA DINDE EST DE RIGUEUR), LES PARTICIPANTS DEVAIENT CUISINER POUR LE GROUPE... ET SON ÉQUIPE DE 60 PERSONNES !
ALOOORS... VOUS AVEZ LÀ UN BEC DE GAZ...
OU LE MICRO-ONDE.
SINON, Y A PAS DE FRIGO. AH, ET PUIS LE TIERS DE L'ÉQUIPE EST VÉGÉTARIEN.
TOP CHEF
GLOU
LES GAGNANTS ONT ASSISTÉ AU CONCERT. QUANT AUX PERDANTS...
VOUS ME RÉCUPÉREZ TOUTES LES DINDES AVANT DE PARTIR. THANKS !
CAR, OUI, LES BACKSTAGES NE FONT PAS TOUJOURS RÊVER, IL Y A AUSSI DES GENS QUI Y TRAVAILLENT, HEIN...

ZOOM

→ Britney Spears pop star fragile

Née dans le Mississippi, en 1981, Britney a su très tôt ce qu'elle voulait faire de sa vie : être une star et divertir les foules. Elle monte sur scène à 5 ans puis, à 11 ans, elle anime l'émission de télé « Mickey Mouse Club » aux côtés de Ryan Gosling et Justin Timberlake (plus tard son petit ami). Quand le show TV est annulé, elle se tourne vers la chanson. Sorti en 1998, son premier single « Baby One More Time » est un tube mondial. Devenue une méga pop star, Britney connaît le succès, mais aussi ce qui va avec, les paparazzis. Sous la pression, elle pète un câble et fait un peu n'importe quoi dans sa vie privée, elle se drogue, se rase la tête... Son mariage avec le danseur Kevin Federline, le père de ses enfants, bat vite de l'aile. En 2007, elle touche le fond et doit être soignée pour des problèmes mentaux. Depuis, elle a remonté la pente. Pendant quatre années, elle est restée en résidence à Las Vegas et y a donné plus de 200 concerts pour plus de 100 millions de dollars ! Contrôlant davantage sa carrière que dans le passé, mère de deux garçons, elle semble enfin heureuse.

Son morceau le plus...

... POP
« BABY ONE MORE TIME »

... REPRIS
« TOXIC »

... ELECTRO
« WORK B**CH »

... SEXY
« I'M A SLAVE 4U »

... TRISTE
« EVERYTIME »

LES MAÎTRES DU JEU

Le dispositif est pourtant plus que minimal : une seule caméra, un écran d'ordinateur et un joueur qui se filme en train de jouer à des jeux vidéo… Le scénario parait un peu basique, mais les millions d'abonnés sont là. Action !

Dans la ligne de mire

Par **Pierre Corbinais** et **Halfbob**

Il y a dix ans, la scène des vidéastes jeux vidéo français ressemblait à ça…
Mais un jour, des pionniers sont venus s'installer. À l'époque, ils n'étaient pas sur YouTube mais sur Dailymotion.
L'ère des Dailymotioneurs a commencé !
Petit à petit, ils ont recruté des copains et formé une petite communauté.
Salut !
Salut !
Salut !
Salut !
Et puis, d'autres vidéastes ont commencé à apparaître un peu partout…
Tiens, il y a encore un vidéaste qui s'est installé cette nuit !
Tiens, là aussi !
Et là aussi !
Aujourd'hui, YouTube croule sous les vidéastes jeux vidéo. Si bien qu'on les appelle désormais YouTubeurs.
Ils sont une trentaine en France à gagner bien, voire très bien, leur vie. C'est bien simple, YouTubeur est devenu un métier.

Pour beaucoup, ce succès est un mystère...
Mais c'est quoi l'intérêt de regarder un type jouer à des jeux vidéo ?
Que tu joues toi, d'accord, mais là, c'est quoi le truc ?
STAR FIGHT
Ne vous arrive-t-il pas de regarder du sport à la télé alors que vous pourriez vous-mêmes en faire ?
?
?
De regarder des émissions culinaires alors que vous pourriez vous-mêmes cuisiner ?
Heu...
Heu...
De regarder des émissions de télé-réalité où des gens ne font rien alors que vous pourriez vous-mêmes ne rien faire ?
Heu...
Je... je veux mon avocat !
Google et Ipsos ont tout de même posé la question aux fans de gaming sur YouTube.
Ouais, salut, c'est Google, ça boume ?
J'aurais une petite question à te poser !
Ils ont obtenu des réponses très variées...

1 : Pour s'améliorer.
Les tutoriels ont toujours beaucoup de succès sur YouTube, que ce soit pour débuter ou pour apprendre de nouvelles astuces.
YOU WIN!!!!
STAR FIGHT
Ah ah, super efficace l'astuce du contre-argument dans Parents Clash !
2 : Pour découvrir de nouveaux jeux.
Avec plus de 700 nouveaux jeux vidéo par mois, pas facile de s'y retrouver !
Et pour les fans de Parents Clash, je conseille Mamy's kiss, un jeu de stratégie où il faut éviter les bisous baveux !
Wouah il a l'air cool celui-là !
Ouais, carrément !
3 : Pour se sentir accepté.
Même si 70 % de la population jouent aux jeux vidéo, cette activité a toujours quelque chose de honteux.
Mon fils a agressé une mamie pour lui voler son sac. Et avec l'argent, il s'est acheté de la cocaïne.
Vous avez de la chance ! Le mien joue aux jeux vidéo.
Avoir des "modèles" partageant la même passion, c'est valorisant.
4 : Pour la communauté.
Beaucoup viennent surtout pour ce qui se passe sous les vidéos. Dans les commentaires, ça discute, ça se dispute, ça fait des blagues. Bref, ça vit.
Ralph : C'est super, Mamy's kiss !
Emma : Oui, la première fois, j'ai pas pu éviter le bisou !
Ralph : Moi, j'ai même eu la question sur les notes à l'école !
Younès : Et l'oncle relou, vous avez une astuce pour l'éviter ?
Mamiedu42 : Et Teenage Life, vous connaissez ?
Ralph : Non, c quoi ce jeu ?
Mamiedu42 : C'est très réussi, il faut éviter l'acné, les appareils dentaires. Trop dur pour vous !
Younès : Elle nous taille la mamie ou quoi ?
Emma : Troll du 42 LOL
Mamiedu42 : :)
Et on a l'impression d'appartenir à une communauté.

Et puis, avec le temps, on s'attache aux YouTubeurs vidéo, et on revient sur leur chaîne prendre de leurs nouvelles.
Alors, quoi de neuf depuis la dernière fois ?
Oh, ça va, tranquille. Et toi ?
Ça va.
Un peu comme avec des bons copains ou des grands frères !
Mais si les YouTubeurs jeux vidéo ont du succès, c'est aussi et surtout grâce... au jeu vidéo lui-même !
Ah ben quand même !
On y vient enfin !
C'est pas trop tôt !
Le YouTubeur jeu vidéo n'a pas grand-chose à produire ! Il s'enregistre tout en jouant...
Pas besoin de décor !
Ni de musique !
Ni d'histoire !
... puis fait le montage. Mais attention, ça peut représenter beaucoup de travail.
C'est un peu comme si quelqu'un mettait sur YouTube le dernier "Avengers", accompagné de ses commentaires !
Alors, mon petit Bruce, tu as bien travaillé à l'école ?
GRRR !
Viens là chercher ton bisou !
LET'S WATCH: THE AVENGERS MAMY STRIKES BACK
Sauf que Disney/Marvel ferait retirer la vidéo illico, et le YouTubeur pourrait même se retrouver à payer des dommages et intérêts !
Et je réclame pour cet ignoble individu une amende de 35 000 € !
Assortie d'un bisou de mamie baveux !
Pour le jeu vidéo, c'est différent. Les éditeurs ont compris que, loin de leur faire perdre des ventes, les YouTubeurs leur faisaient de la publicité gratuite !
C'est bon, on ne dira rien !
Le studio laisse le YouTubeur utiliser les images du jeu.
Mamy's Revenge, c'est super bien !
Le YouTubeur met en valeur le jeu auprès de ses abonnés.
Ça m'a l'air génial, je cours l'acheter !
Une partie des abonnés va acheter le jeu.

Mais utiliser des images de jeu vidéo sur YouTube sans autorisation explicite reste aux limites de la légalité.
T'es sûr qu'on peut utiliser les images de Mario vs. Mamy, hein ?
Mais ouais, et même qu'on va bien le pourrir, leur jeu miteux !
Les éditeurs peuvent à tout moment faire retirer les vidéos qui ne leur conviennent pas.
NINTENDO POLICE !!!
Lâchez ces manettes, brigands !
Ça va barder !
VLAM!
C'est surtout embêtant pour les gros YouTubeurs, qui gagnent leur vie grâce aux revenus générés par les publicités.
Mais qu'est-ce qu'on va devenir ?
Fallait y penser avant !
Les YouTubeurs ont donc tout intérêt à ne jamais froisser les éditeurs, et c'est encore plus vrai quand les éditeurs paient carrément le YouTubeur pour sa vidéo.
♥ Alors, les amis, Boulon Party c'est super ! ♥
On visse des boulons avec des ♥ clés de 12, c'est génial ! ♥
Oh là là !
Pfiou !
♥ Des fois, le boulon coince un peu, y a du suspense ! ♥
Quand on en a vissé 350 ♥ on passe au ♥ niveau 2, c'est trop bien !
On appelle ça une vidéo sponsorisée.

Les maîtres du jeu

* Des agences qui font l'intermédiaire entre les YouTubeurs et les studios.

Agence Felder & Cizo associés - Janvier 2018

ATTENTION ! L'ABUS DE VIRILEX EST DANGEREUX POUR LA SANTÉ.

SANS CONTRESENS

Algorithme. Ce mot évoque un tableau noir plein de **CHIFFRES** et de **SYMBOLES** que seuls les mathématiciens comprennent.

Ou un écran d'ordinateur sur lequel défilent des lignes indéchiffrables pour qui n'est pas un génie de l'informatique. En réalité, c'est bien plus simple :

Cette **RECETTE** du quatre-quart est un algorithme. Eh oui ! Un algorithme n'est rien d'autre qu'une suite d'instructions qui permettent d'obtenir un **RÉSULTAT**

ALGOR

Mais il y a un risque. Les algorithmes dont on dit parfois qu'ils ont « envahi nos vies » sont ceux utilisés par les services en ligne comme :

GOOGLE FACEBOOK DEEZER NETFLIX SPOTIFY TINDER

Ce sont des algorithmes de prédiction et de recommandation. En analysant vos données, on peut vous proposer des choses adaptées à votre goût.

Par exemple, si vous écoutez PNL du matin au soir, et qu'un autre utilisateur qui adore PNL a aussi MMZ sur sa playlist,

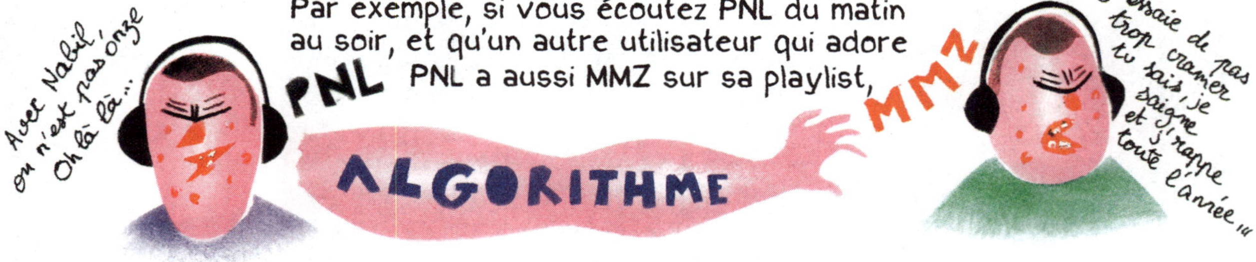

il y a de fortes chances pour que votre application musicale vous propose d'écouter du MMZ. Parce qu'elle déduit que les gens qui aiment PNL aiment aussi MMZ.

Par **Zineb Dryef** et **Donatien Mary**

Aujourd'hui, on parle surtout des algorithmes en informatique. La liste des instructions mises en œuvre par l'ordinateur est plus longue que notre recette de quatre-quart et bien plus complexe, mais c'est le même principe. Plus on a de critères précis, plus c'est efficace. Pour être le plus précis, on a besoin de **DONNÉES**

Nom, sexe, âge, adresse, historique, liens sur lesquels on a cliqué : involontairement, on laisse toutes sortes de données sur les services numériques qu'on utilise. Elles sont si nombreuses qu'un humain ne peut pas les analyser. Mais les **ORDINATEURS** le font. C'est pratique : ça facilite la vie. Comme Waze, qui fonctionne grâce à des algorithmes et qui prédit les embouteillages.

ITHME

ATTENTION Certains s'alarment. Ils jugent que la recommandation risque de nous enfermer dans nos goûts. C'est ce qu'on appelle la **FILTER BUBBLE** la "bulle de filtres".

Quand on passe la porte d'un disquaire, on peut être séduit par une pochette ou sensible aux conseils du vendeur. Ce sera peut-être moins le cas sur des sites qui **AUTOMATISENT** nos choix. Est-ce grave ? Non, répondent ceux qui croient que le Web ne nous enferme pas plus que la vie (après tout, on fréquente souvent des gens qui partagent nos opinions). Oui, répondent ceux qui y voient une menace pour la **DÉMOCRATIE** : sans accès à une information totalement libre, comment se faire ses propres **OPINIONS ?**

« Je voulais faire de mon rêve ma vie »

Par **Adrien de Calan** et **Timothé Le Boucher**

AVRIL 2017, NANTERRE-ANTIBES EN PRO A, LE CHAMPIONNAT DE FRANCE DE BASKET.
3 POINTS MAX KOUGUERE
JE M'APPELLE MAX, MAIS DANS LE BASKET, ON ME SURNOMME LE MAXIMUM OU MAXIMUS.
J'AI 30 ANS ET JE JOUE À ANTIBES, EN PRO A.
QUAND J'ÉTAIS PETIT, JE VOULAIS FAIRE DE MON RÊVE MA VIE.
JE L'AI GARDÉ AU FOND DU CŒUR ET J'AI TRAVAILLÉ DUR POUR Y ARRIVER.

CENTRAFRIQUE, 1993.
OUAIS, LE DUNK !
T'AS VU ÇA, MAX ?
T'ES TROP FORT.
JE SUIS LE MEILLEUR JOUEUR DE BANGUI !!!
N'IMPORTE QUOI.
DIS, FIACRE, JE PEUX REGARDER LE MATCH CE SOIR AVEC VOUS ?
HUM... C'EST DIFFUSÉ TARD VU QUE C'EST LA NBA AMÉRICAINE...
T'ES SÛR QUE TU TIENDRAS ?
OUI !
ON VERRA, PETIT FRÈRE...

À L'ÉPOQUE, J'ÉTAIS À BANGUI, LA CAPITALE DE LA CENTRAFRIQUE.
LÀ-BAS, LE BASKET, C'EST LE SPORT ROI. CELUI QUE LES CENTRAFRICAINS AIMENT VRAIMENT, PLUS ENCORE QUE LE FOOT.
C'EST PARCE QUE LE BASKET CENTRAFRICAIN A CONNU SES HEURES DE GLOIRE.
CENTRAFRIQUE NOTRE PAYS L'INTÉRÊT NATIONAL D'ABORD
LA SÉLECTION NATIONALE A REMPORTÉ DEUX FOIS LA COUPE D'AFRIQUE EN 1974 ET EN 1987.
IL Y A LES CLUBS MYTHIQUES DE LA CAPITALE, COMME LE HIT TRÉSOR OU LE RED STAR. ILS ÉTAIENT LES GRANDES PUISSANCES DU BASKET AFRICAIN DES ANNÉES 1970.
ILS GAGNAIENT TOUT.
AUJOURD'HUI ENCORE, IL Y A UNE QUINZAINE DE CLUBS RIEN QU'À BANGUI.
MAIS AVEC LE TEMPS, C'EST DEVENU DE PLUS EN PLUS COMPLIQUÉ DE PRATIQUER CE SPORT.
LE PAYS VIT UNE SITUATION TRÈS DIFFICILE.
LA CENTRAFIQUE, C'EST UN PAYS À PEINE PLUS GRAND QUE LA FRANCE MÉTROPOLITAINE, AVEC 5 MILLIONS D'HABITANTS.
ENCLAVÉ, LOIN DE LA MER ET DES GRANDS PORTS, CE PAYS EST PARFOIS SURNOMMÉ LE CUL-DE-SAC DE L'AFRIQUE.
ANCIENNE COLONIE FRANÇAISE, LA CENTRAFRIQUE A OBTENU SON INDÉPENDANCE EN 1960.
DEPUIS, ELLE A CONNU L'INSTABILITÉ POLITIQUE, LA DICTATURE SANGUINAIRE DE JEAN-BEDEL BOKASSA (1966-1979).
PUIS UNE SÉRIE DE COUPS D'ÉTAT ET DE CONFLITS QUI L'ONT PLONGÉE DANS LE CHAOS.

La Centrafrique fait partie des pays les plus pauvres de la planète.
Tchad
Soudan
Soudan du Sud
Cameroun
République centrafricaine
République du Congo
République démocratique du Congo
Ses richesses naturelles sont pourtant considérables.
Diamants
Cuivre
Uranium
Pétrole
Mais elles sont mal exploitées et, dans ce pays corrompu, elles financent, en grande partie, des bandes armées qui terrorisent la population.
En août 2001, la vie de notre famille a été bouleversée.
PAW
PAW
PAW
PAW
J'avais alors 14 ans.
Le président Ange-Félix Patassé était au pouvoir.
Élu en 1993, il avait vite durci sa politique, suscitant de plus en plus de contestations.
À la suite d'un coup d'État raté en mai 2001, Patassé avait organisé des représailles contre les Yakomas, des populations issues du sud du pays.
Ma famille et moi appartenons à cette ethnie…
Nous avons été contraints à l'exil.

MAX,
RÉVEILLE-TOI !
LA FAMILLE
EST EN DANGER.
IL FAUT PARTIR.
QUOI ?
VITE, VIENS !
MAIS, MES
AFFAIRES ?
LAISSE TOUT,
ON N'A PAS LE TEMPS !
OÙ EST
ANICET ???
MAX,
CALME-TOI.
IL A DÛ QUITTER
LA MAISON... IL EST
RECHERCHÉ.
MAIS IL EST
OÙ ? ON VA LE
RETROUVER ?
ON NE SAIT PAS
OÙ IL EST...
VITE,
DÉPÊCHEZ-VOUS...
PAW
PAW

Il faut finir de descendre le fleuve Oubangui jusqu'au fleuve Congo.
Après, on essayera de rattraper un bateau au niveau de Bétou…
Ça va nous prendre quatre jours, je pense.
Quatre jours…
Hé, Max, ça va bien se passer, ne t'en fais pas…
Si je tombe dans l'eau, comment je fais ?
Je sais à peine nager…
On ne retournera peut-être plus jamais dans notre pays…
Chez nous, avec tous les frères et sœurs…
Ne regarde pas, Max.

TROIS JOURS PLUS TARD.
RÉPUBLIQUE CENTRAFRICAINE
BANGUI
BÉTOU
RÉPUBLIQUE DÉMOCRATIQUE DU CONGO
RÉPUBLIQUE DU CONGO
IMPFONDO
IMPFONDO NE DEVRAIT PLUS ÊTRE TROP LOIN, ON VA DESCENDRE ICI.
J'AI FAIM...
NE PARLE PAS DE ÇA...
JE N'Y PENSAIS PLUS.
MAIS...
C'EST ANICET !
ANICET !!!
ANICET !!!
MON FRÈRE, ON T'A RETROUVÉ !!

IMPFONDO
RÉPUBLIQUE DU CONGO
BRAZZAVILLE
ON VA S'INSTALLER ICI, AU CONGO.
ON VA ARRIVER À BRAZZAVILLE ENSEMBLE.
ÇA VA ÊTRE BIEN, VOUS ALLEZ VOIR !
ANGÈLE, NOTRE COUSINE, EST D'ACCORD POUR NOUS HÉBERGER.
ELLE A DIT QU'ELLE S'OCCUPERAIT DE NOUS.
ET ELLE VIENT NOUS CHERCHER.
LE LENDEMAIN.
ICI, DANS LE QUARTIER, ÇA PARLE BEAUCOUP FRANÇAIS, ÇA SERA PLUS FACILE POUR VOUS.
LE TEMPS D'APPRENDRE LA LANGUE.
JE VOUS AI PRÉPARÉ DE QUOI DORMIR, ON IRA ACHETER CE QU'IL VOUS MANQUE DEMAIN.
MERCI, ANGÈLE.
QU'EST-CE QU'ON PEUT FAIRE POUR TE REMERCIER ?
TSS, PAS DE ÇA AVEC MOI.
VOUS ÊTES ICI CHEZ VOUS, PAS BESOIN DE MERCI.
ET APPELLE-MOI GRANDE SŒUR.
SI AU MOINS ÇA POUVAIT VOUS PERMETTRE D'OUBLIER UN PEU...
BON...
VOUS AVEZ FAIM ?

TROIS SEMAINES PLUS TARD.
MAX.
TU T'ENNUIES ?
NON, C'EST JUSTE QUE…
JE VAIS DEVOIR PASSER UNE ANNÉE BLANCHE SANS POUVOIR ALLER À L'ÉCOLE…
J'AIMERAIS OCCUPER MON TEMPS…
JUSTEMENT, J'Y PENSAIS…
TIENS, OUVRE ÇA.
GRANDE SŒUR, C'EST POUR MOI ?
TES FRÈRES M'ONT DIT QUE TU ÉTAIS DOUÉ !
SI TU VEUX, IL Y A UN TERRAIN DE BASKET PAS LOIN, À BACONGO. C'EST LE TERRAIN LE PLUS ANIMÉ.
ÇA T'AIDERA À NE PAS TE SENTIR TROP EXILÉ.
GRANDE SŒUR !!!
MERCI !
MERCI !

HÉ, MAX !
JE TE PRÉSENTE MAIK, UN SUPER POTE À MOI.
JE LUI AI PARLÉ DE TOI. IL EST VENU TE VOIR JOUER.
SALUT.
SALUT.
VAS-Y MAX, MONTRE CE QUE TU SAIS FAIRE.

QU'EST-CE QUE TU FAIS LÀ ? IL FAUT ALLER DANS UN CENTRE DE FORMATION, EN FRANCE OU AUX ÉTATS-UNIS.
MAIK, ON NE SAIT PAS COMMENT FAIRE.
MOI, J'AI UNE IDÉE.
BON, C'EST UN PEU ARTISANAL CE FILM SUR TOI.
J'AI FAIT LE MONTAGE EN FILMANT LA TÉLÉ.
NON, C'EST BIEN !
JE VAIS ENVOYER LES CASSETTES À DES ÉQUIPES.
ILS VONT VOIR DE QUOI TU ES CAPABLE.
IL FAUT QUE JE M'ENTRAÎNE.
JE DOIS DEVENIR PLUS FORT !
UN AN PLUS TARD.
MAX !
MAX !
MAAAAAAXXX !!!
UNE ÉCOLE AMÉRICAINE T'A ACCEPTÉ, AVEC UNE POSSIBILITÉ DE BOURSE !
PRENDS TES PAPIERS. ON VA À L'AMBASSADE POUR LE VISA !

TU VAS DEVENIR UNE STAR, C'EST FORCÉ !!
TU NE NOUS OUBLIERAS PAS ?
BIEN SÛR QUE NON.
PAPA SERAIT FIER DE TOI !
VOUS NE M'AVEZ JAMAIS DIT, D'AILLEURS, OÙ SONT VOS PARENTS ?
PAPA EST MORT D'UNE MALADIE DU FOIE IL Y A TROIS ANS...
ET MAMAN VIT EN FRANCE.
À BANGUI, J'ÉTAIS ÉLEVÉ PAR MES FRÈRES ET SŒURS.
VOUS AVEZ VOTRE PASSEPORT ?
OUI, ATTENDEZ.
OH NON...
QUOI ?
FIACRE, MAIK, JE NE LE TROUVE PAS.
JE ME LE SUIS FAIT VOLER.
COMMENT JE VAIS FAIRE ?
JE SUIS DÉSOLÉE, MAIS JE NE PEUX PAS VOUS DONNER DE VISA SANS PASSEPORT.
JE NE PEUX PLUS PARTIR...
LE TEMPS DE REFAIRE MON PASSEPORT, CE SERA TROP TARD.

JE SUIS UN CRÉTIN, J'AURAIS DÛ FAIRE ATTENTION.
NE DIS PAS DE BÊTISES...
RESSASSER LE PASSÉ NE LE CHANGE PAS.
TU AS PRÉVU QUOI POUR LA SUITE ?
JE REFUSE D'ABANDONNER LE BASKET !
ALORS, ON VA T'AIDER, MAX.
JE TE PAYERAI LE TRANSPORT POUR ALLER À L'ENTRAÎNEMENT.
J'AI CONTINUÉ LE BASKET DANS LE CHAMPIONNAT CONGOLAIS.
EN MÊME TEMPS, JE PASSAIS MON BAC.
JE JOUAIS À L'INTER CLUB, UNE ÉQUIPE MILITAIRE.

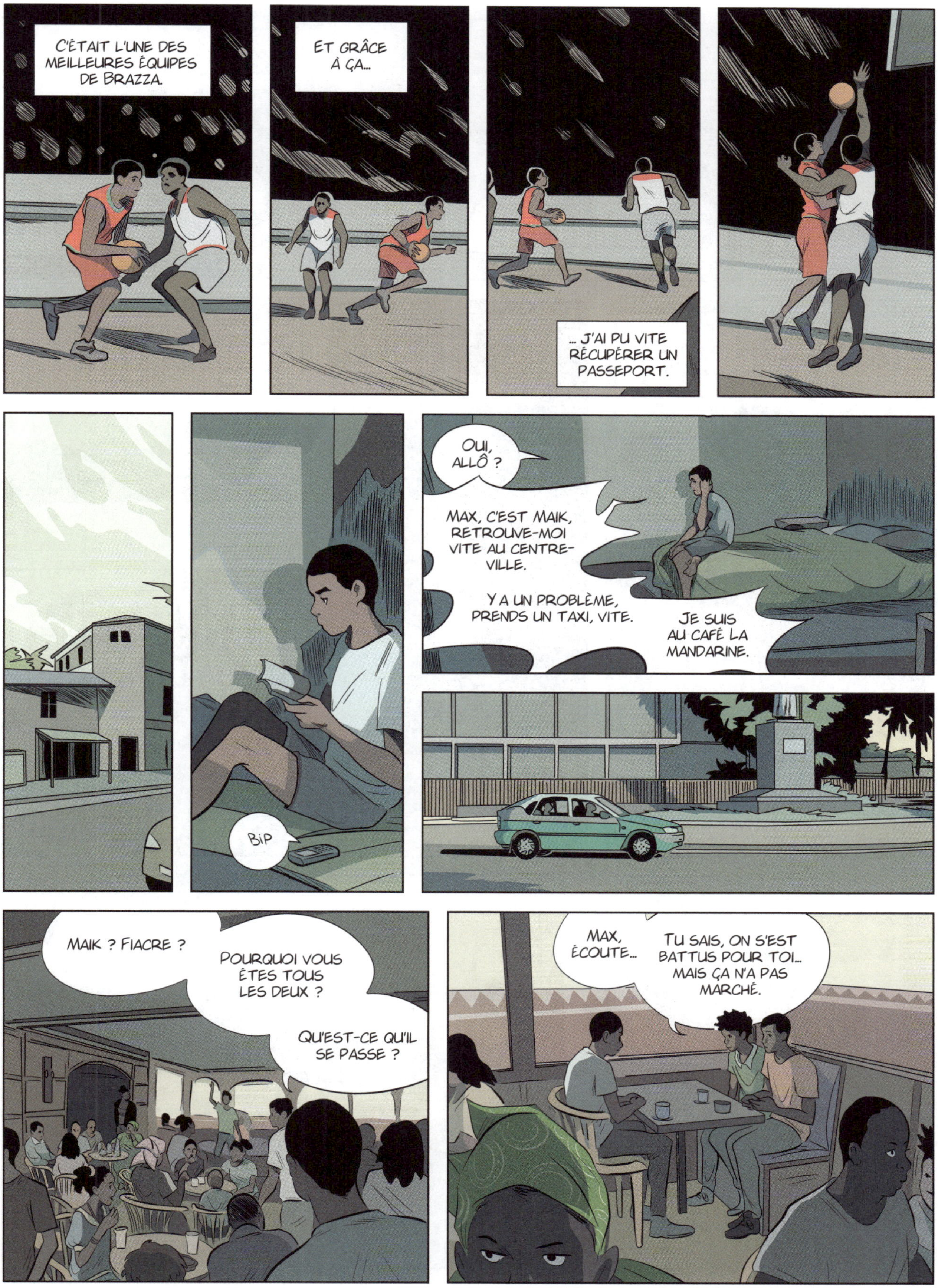
C'ÉTAIT L'UNE DES MEILLEURES ÉQUIPES DE BRAZZA.
ET GRÂCE À ÇA...
... J'AI PU VITE RÉCUPÉRER UN PASSEPORT.
BIP
OUI, ALLÔ ?
MAX, C'EST MAIK, RETROUVE-MOI VITE AU CENTRE-VILLE.
Y A UN PROBLÈME, PRENDS UN TAXI, VITE.
JE SUIS AU CAFÉ LA MANDARINE.
MAIK ? FIACRE ?
POURQUOI VOUS ÊTES TOUS LES DEUX ?
QU'EST-CE QU'IL SE PASSE ?
MAX, ÉCOUTE...
TU SAIS, ON S'EST BATTUS POUR TOI... MAIS ÇA N'A PAS MARCHÉ.

JE SUIS DÉSOLÉ, MAX...
TIENS, OUVRE ÇA.
QU'EST-CE QUE...
TU AS TON VISA !!!!
TU AS TON VISA !!!
ON A RÉUSSI !
TU PARS POUR GRAVELINES, UN CLUB DANS LE NORD DE LA FRANCE.
ET TU VAS RETROUVER TA MÈRE !
MERCI ÉNORMÉMENT, À VOUS TOUS.
À BIENTÔT.

J'AVAIS HÂTE DE RETROUVER MA MÈRE EN FRANCE.
ORLY

J'AI JUSTE PASSÉ UNE NUIT À PARIS ET JE SUIS PARTI POUR GRAVELINES CHEZ MA FAMILLE LES CH'TIS !
J'HABITAIS DANS LE CENTRE DE FORMATION, DANS UNE CHAMBRE AVEC UN AMI À MOI.
UN IVOIRIEN, ABDOU DIABATÉ, ON PARLAIT UN PEU DE L'AFRIQUE, ON RIGOLAIT ENSEMBLE.
IL Y AVAIT DE GRANDS JOUEURS QUI ME DONNAIENT DES CONSEILS.
UN NIGÉRIAN, UCHE NSONWU, M'A PRIS SOUS SON AILE COMME UN FILS.
IL N'Y AVAIT PAS GRAND-CHOSE LÀ OÙ ON ÉTAIT.
ÇA ALLAIT CAR JE SUIS QUELQU'UN QUI AIME RESTER SEUL, ÇA FAIT PARTIE DE MES HABITUDES.
MES FRÈRES ET ANGÈLE ME MANQUAIENT...
MAIS J'AVAIS DES APPELS.

UNE NOUVELLE FOIS, C'EST GRÂCE AU BASKET QUE JE ME SUIS INTÉGRÉ.
JE ME SUIS D'ABORD ENTRAÎNÉ AVEC L'ÉQUIPE JEUNE PUIS JE SUIS DEVENU PROGRESSIVEMENT PROFESSIONNEL.
J'AI JOUÉ À GRAVELINES PUIS DANS D'AUTRES CLUBS EN FRANCE ET EN ESPAGNE.
EN 2007, ON M'A PROPOSÉ DE REPRÉSENTER LA CENTRAFRIQUE POUR LES MATCHS INTERNATIONAUX
J'AI HÉSITÉ.
BANGUI
JUSTE AVANT D'EMBARQUER, J'AI REFUSÉ DE PARTIR, JE NE ME SENTAIS PAS PRÊT, PAS INTÉGRÉ À L'ÉQUIPE.

JE N'AVAIS PAS ENCORE L'ESPRIT DE PATRIOTISME QUE J'AI MAINTENANT. C'EST VENU AVEC LE TEMPS.
PUIS, EN 2009, J'AI REJOINT POUR LA PREMIÈRE FOIS LA SÉLECTION NATIONALE DE CENTRAFRIQUE.
À L'ARRIVÉE, L'ACCUEIL ÉTAIT INCROYABLE !
UNE FOULE M'ATTENDAIT À L'AÉROPORT.
DES FOUS DE BASKET QUI COURAIENT DERRIÈRE LE BUS.
JE N'AVAIS JAMAIS VU ÇA.
ON N'AVAIT PAS ENCORE JOUÉ UN MATCH.
JE RETROUVAIS MON PAYS ET DES MEMBRES DE MA FAMILLE QUE JE N'AVAIS PAS VUS DEPUIS DES ANNÉES.
J'AI FINI PAR PLEURER.

QUATRE ANS PLUS TARD, LA CENTRAFRIQUE A CONNU UNE NOUVELLE GUERRE.
LES AFFRONTEMENTS QUI DÉCHIRENT LE PAYS À PARTIR DE 2013 VONT PRENDRE UNE CONNOTATION RELIGIEUSE.
UN VIOLENT CONFLIT OPPOSAIT DES BANDES REBELLES DU NORD, ISSUES DE LA MINORITÉ MUSULMANE, À DES MILICES CHRÉTIENNES.
IL Y A EU DES MILLIERS DE CIVILS TUÉS ET PRÈS D'UN MILLION DE PERSONNES DÉPLACÉES.
PENDANT CETTE GUERRE, JE JOUAIS DANS UN CLUB ESPAGNOL À MANRESA, À CÔTÉ DE BARCELONE.
J'ÉTAIS FRUSTRÉ, LOIN. J'AVAIS DE LA FAMILLE EN CENTRAFRIQUE.
TOUT CE QUI SE PASSAIT ÉTAIT PROCHE DU QUARTIER DE MA FAMILLE, À BANGUI.

C'ÉTAIT PRÈS DE CHEZ VOUS.
OUI... ET LES PETITS ONT PEUR ?
FAITES ATTENTION À VOUS.
JE VOUS APPELLE CE SOIR.
JE VOUS EMBRASSE.
MAX, COMMENT JE PEUX T'AIDER POUR APAISER ÇA ?
JE NE SAIS PAS, COACH.
DANS L'IMMÉDIAT, IL N'Y A PAS DE SOLUTION.
LE SEUL MOYEN, CE SERAIT DE LES FAIRE SORTIR DU PAYS.
MAIS ON NE PEUT PAS CAR IL N'Y A PAS DE VOLS, L'AÉROPORT EST FERMÉ.
TOUTE L'ÉQUIPE EST LÀ POUR TOI, MAX.
EN DÉCEMBRE 2013, LA FRANCE EST INTERVENUE EN LANÇANT L'OPÉRATION "SANGARIS".
QUELQUES MOIS PLUS TARD, LES NATIONS UNIES ONT DÉPLOYÉ 10 000 CASQUES BLEUS LORS DE L'OPÉRATION "MINUSCA".
UN
CETTE INTERVENTION A ABOUTI À L'ÉLECTION DE FAUSTIN-ARCHANGE TOUADÉRA COMME PRÉSIDENT DE LA RÉPUBLIQUE, AU DÉBUT DE 2016.

MAIS LA SITUATION RESTE EXTRÊMEMENT TENDUE ET, RÉGULIÈREMENT, DE NOUVEAUX AFFRONTEMENTS ONT LIEU.
L'ÉTAT CENTRAFRICAIN DEMEURE TRÈS FRAGILE.
MÊME SI ON N'ÉTAIT PAS IMPLIQUÉS DANS CETTE GUERRE, ON A TOUS ÉTÉ TOUCHÉS DE PRÈS OU DE LOIN. À NOUS DE FAIRE QUELQUE CHOSE POUR QUE ÇA N'ARRIVE PLUS.
MOI, JE DOIS SOUTENIR LE BASKET CENTRAFRICAIN.
POUSSER LES JOUEURS À FAIRE DES ÉTUDES, À ALLER LOIN ET À VIVRE LEURS RÊVES.
POUR LE BASKET, JE VOUDRAIS QUE LES DIRIGEANTS PRENNENT CONSCIENCE QU'IL FAUT FAIRE SORTIR PLUS DE JEUNES DU PAYS.
QU'ON AIT UNE BONNE BASE DE JOUEURS PROFESSIONNELS POUR REPRÉSENTER LA CENTRAFRIQUE.
REMETTRE LE BASKET CENTRAFRICAIN À LA PLACE QU'IL TENAIT IL Y A VINGT OU TRENTE ANS.

19
SHARKS

La Centrafrique au bord de l'abîme

Massacres, déplacements de la population, villages incendiés… La guerre civile a plongé le pays dans une extrême violence.

Une population persécutée

En 2017, la guerre civile qui règne depuis 2013 en Centrafrique connaît une nouvelle flambée de violence, et la situation sécuritaire et humanitaire s'est considérablement dégradée. Sur une population d'environ 4,5 millions d'habitants, plus de 540 000 Centrafricains ont dû se réfugier dans les pays voisins comme le Tchad, le Cameroun, la République démocratique du Congo ou le Congo-Brazzaville. En raison du regain de violence, on compte aussi près de 690 000 Centrafricains qui ont été « déplacés » à l'intérieur de leur propre pays*.

* Source : Haut-Commissariat des Nations unies pour les réfugiés, décembre 2017.

Paoua, une ville en plein chaos

En fin d'année 2017, de violents affrontements entre groupes armés ont éclaté dans le nord-ouest du pays. Fuyant leurs villages incendiés, beaucoup de familles se sont réfugiées dans la ville la plus proche, Paoua. Accueillis tant bien que mal par des habitants sur place, la plupart de ces déplacés dorment dans des abris de fortune. À la mi-janvier 2018, on comptait dans cette ville de 40 000 habitants plus de 60 000 déplacés.

Les denrées alimentaires ont commencé à manquer : les zones rurales qui entourent Paoua constituaient le grenier du pays. Mais les paysans qui alimentaient la ville ont déserté les champs. Les prix ont explosé, ceux du manioc notamment, l'aliment de base en Centrafrique.

Un pouvoir trop affaibli

L'État centrafricain ne parvient pas à exercer son autorité au-delà de Bangui, la capitale. Dans le reste du pays, les groupes armés s'affrontent dans de violents combats.

Pour tenter de préserver la sécurité du pays, la « Minusca », la mission de l'ONU en Centrafrique, dispose d'environ 13 000 soldats et policiers sur place. Mais cette force travaille dans des conditions très difficiles et a du mal à protéger les civils.

LA SCIENCE INFUSE

On pensait les arbres silencieux, on découvre qu'ils ont un langage. Pour se prévenir mutuellement des dangers qui les guettent, ils communiquent entre eux. Une histoire plus vraie que nature.

Les arbres ont la parole

Par **Thibaut Schepman** et **José Parrondo**

Si l'on pouvait regarder sous une forêt, on constaterait que les racines des arbres sont immenses.
Hé ho !
En général, la surface occupée par les racines est deux fois plus grande que la partie visible de l'arbre.
RÉALISÉ SANS TRUCAGE
Au bout des racines, il y a de très petits fils poilus : les radicelles. Elles permettent d'aspirer l'eau et les nutriments.
Miam
cronch
Et, sur les radicelles, on trouve des filaments dix fois plus fins, presque invisibles à l'œil nu.
Ce sont des champignons mariés aux racines. Un dé à coudre pourrait renfermer quelques kilomètres de ces champignons tellement ils sont minuscules.
Et hop

Dans ce mariage, tout le monde est gagnant ; la plante transmet des sucres au champignon, qui lui donne en échange certains minéraux (en quelque sorte, les vitamines des plantes).
Le sous-sol d'une forêt est un vaste réseau où s'entremêlent les racines de tous les arbres et leurs champignons.
Et ce réseau permet une multitude de communications et d'échanges. Internet connecte des ordinateurs, les champignons connectent des arbres.
Certains arbres ont un rôle central dans ce réseau. Ils nourrissent les plus jeunes en carbone, élément chimique indispensable pour que l'arbre fabrique du bois.
Qui veut du carbone ?
Moi !
Moi !
Moi !
Ces arbres savent reconnaître et favoriser les arbres de leur espèce.
Ils leur transmettent aussi des informations, notamment des signaux de défense contre des agresseurs comme certains insectes.
Un termite !!

Une anecdote qui a eu lieu dans la savane en Afrique du Sud le démontre.
Pas Afrique
Afrique pas du Sud
Afrique pas encore du Sud
Afrique du Sud
Sud de l'Afrique du Sud
Des éleveurs ont regroupé dans un enclos des antilopes avec des arbres acacias, dont elles mangent les feuilles.
Très vite, les antilopes sont mortes !
Il a fallu pas mal de recherches pour comprendre ce qui se passait. Quand il est secoué, l'acacia produit une substance chimique, appelée tanin.
TANIN
Le tanin rend ses feuilles impossibles à digérer.
Mais l'acacia produit aussi du gaz, appelé éthylène.
Les chercheurs ont découvert que ce gaz peut fonctionner comme un système d'alerte.
TANIN
Quand un autre acacia détecte ce gaz, il se met lui aussi à fabriquer du tanin.

Si bien que quand les acacias sont plantés très près les uns des autres, ou quand le vent souffle et porte le gaz, de nombreux arbres peuvent se mettre à produire du tanin alors qu'un seul d'entre eux a été taquiné par une antilope.

En liberté, les antilopes contournent cette astuce arboricole en se dirigeant dans le sens inverse du vent pour brouter.
SCÈNE POUVANT CHOQUER LES JEUNES LECTEURS

Dans l'enclos, où les arbres étaient très serrés, ce n'était plus possible.
Pardon
Je vous en prie
Après vous

Les antilopes mangeaient donc des feuilles saturées de tanin qu'elles n'arrivaient pas à digérer... et mouraient de faim le ventre plein !
ATTENTION VIOLENCE
NE REGARDEZ PAS

Et savez-vous que l'arbre fait un bruit quand il pousse, inaudible pour l'être humain ?
Ce bruit est différent selon les espèces, si bien qu'un arbre peut savoir s'il a un voisin et si ce voisin est de la même espèce que lui.
C'est peut-être ce qui explique le phénomène observé dans certaines forêts, joliment appelé "La timidité des cimes".
Certains arbres s'arrêtent de grandir quelques centimètres avant que leurs branches ne touchent celles des autres espèces. C'est magnifique !
Il y a encore beaucoup à apprendre des arbres. Ça tombe bien, passer du temps en forêt nous fait du bien.
Au Japon, les amoureux des forêts ont donné un nom au fait de partir dans les bois pour détendre son esprit. On appelle ça le shinrin-yoku, "se baigner dans l'air de la forêt".

CAPTURE D'ÉCRAN

Au-delà du réel

QUEL RAPPORT PEUT-IL BIEN Y AVOIR ENTRE ELEVEN, LA MYSTÉRIEUSE JEUNE FILLE DANS «STRANGER THINGS» ET MARY POPPINS ACCROCHÉE À SON PARAPLUIE MAGIQUE ? A PRIORI AUCUN, MAIS POURTANT, TOUTES DEUX ÉVOLUENT DANS UN MONDE PARALLÈLE OÙ LES LOIS DU RÉEL SONT BOUSCULÉES PAR D'ÉTRANGES PHÉNOMÈNES. FLASH-BACK !

Par **Anne-Laure Farges** et **Lucas Varela**

AUJOURD'HUI, ON RENCONTRE UNE RÉALISATRICE TOUTE JEUNE QUI VIENT NOUS PROPOSER UN SUJET DE FILM ENTRE FANTASTIQUE ET SURNATUREL. FAUT DIRE QUE C'EST LE GRAND RETOUR DE CE GENRE DE FILMS EN CE MOMENT.
STUDIO 5
ENTRE LES SUCCÈS DE LA SÉRIE "STRANGER THINGS", DU FILM "ÇA"...
RESTE À ESPÉRER QU'ELLE TROUVERA UN TITRE DE FILM UN PEU PLUS ADAPTÉ !
JE VOUS EN PRIE, NATHALIE, ASSEYEZ-VOUS ! ALORS, QUEL SUJET AVEZ-VOUS TROUVÉ ?
J'AI PENSÉ À UNE HISTOIRE QUI SERAIT FORMIDABLE :
UN HOMME PART VIVRE AVEC SA FAMILLE DANS UN HÔTEL ABANDONNÉ AU MILIEU DE NULLE PART...
ET FINIT PAR DEVENIR FOU, DANS CE LIEU...
... QUI AURAIT ÉTÉ LE THÉÂTRE D'ÉVÉNEMENTS AFFREUX QUE SEUL SON FILS UN PEU MÉDIUM ARRIVERAIT À RESSENTIR.
REDRUM

VOUS VOUS MOQUEZ DE MOI ?
"SHINING", ÇA NE VOUS DIT RIEN ?
C'EST EXACTEMENT L'HISTOIRE DU FILM QUE STANLEY KUBRICK RÉALISA EN 1980 !
STEPHEN KING
C'EST UNE ADAPTATION D'UN ROMAN DE STEPHEN KING ET C'EST AUSSI L'UN DES RÔLES LES PLUS MARQUANTS DU GRAND JACK NICHOLSON !
STANLEY KUBRICK
DANNY LLOYD. IL N'A PLUS JAMAIS JOUÉ
JACK NICHOLSON
AH, D'ACCORD, JE PRENDS NOTE ! J'AI D'AUTRES IDÉES, FAUT PAS VOUS ÉNERVER. LE SURNATUREL, J'ADORE ÇA !

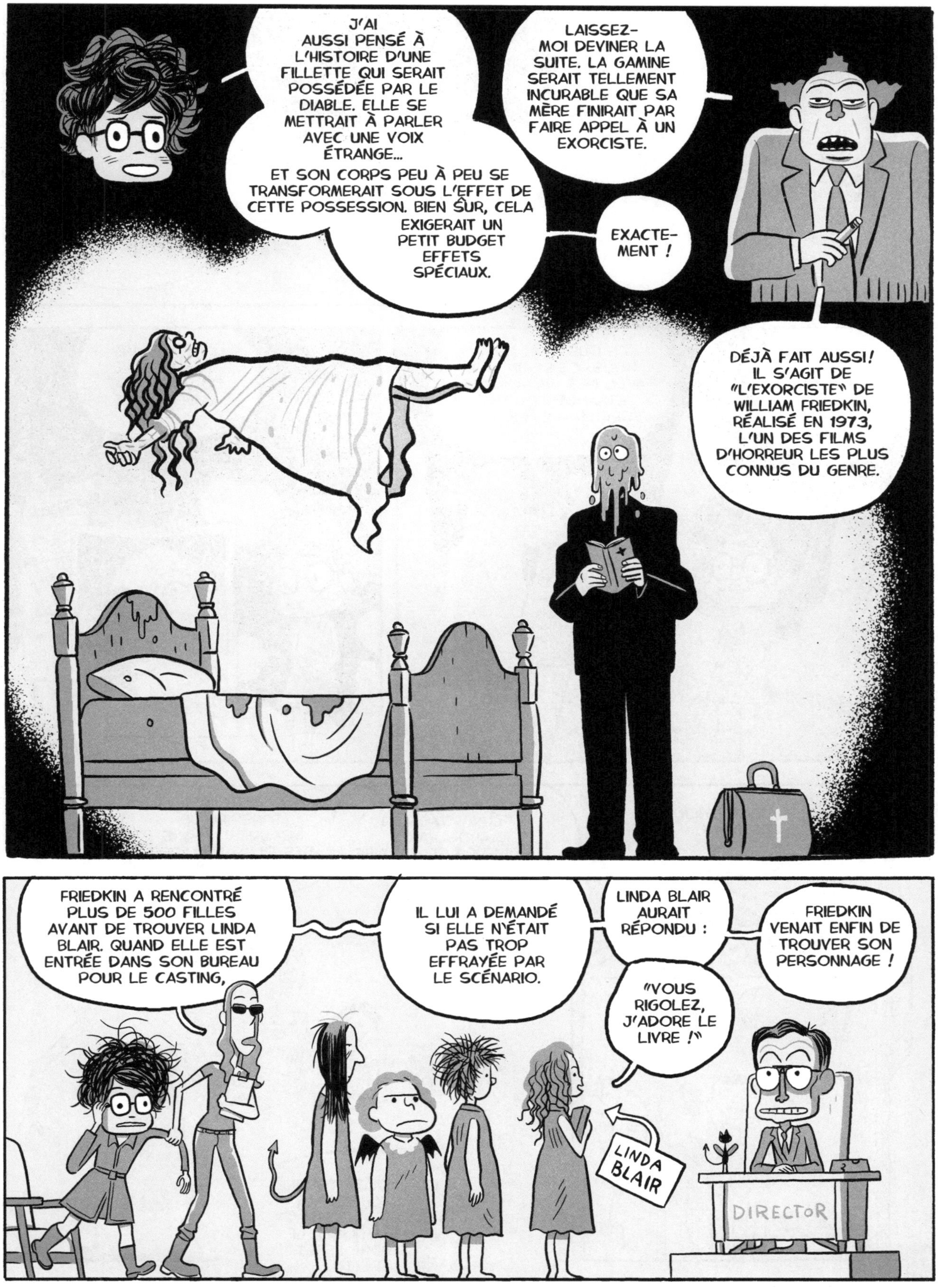
J'AI AUSSI PENSÉ À L'HISTOIRE D'UNE FILLETTE QUI SERAIT POSSÉDÉE PAR LE DIABLE. ELLE SE METTRAIT À PARLER AVEC UNE VOIX ÉTRANGE...
LAISSEZ-MOI DEVINER LA SUITE. LA GAMINE SERAIT TELLEMENT INCURABLE QUE SA MÈRE FINIRAIT PAR FAIRE APPEL À UN EXORCISTE.
ET SON CORPS PEU À PEU SE TRANSFORMERAIT SOUS L'EFFET DE CETTE POSSESSION. BIEN SÛR, CELA EXIGERAIT UN PETIT BUDGET EFFETS SPÉCIAUX.
EXACTEMENT !
DÉJÀ FAIT AUSSI! IL S'AGIT DE "L'EXORCISTE" DE WILLIAM FRIEDKIN, RÉALISÉ EN 1973, L'UN DES FILMS D'HORREUR LES PLUS CONNUS DU GENRE.
FRIEDKIN A RENCONTRÉ PLUS DE 500 FILLES AVANT DE TROUVER LINDA BLAIR. QUAND ELLE EST ENTRÉE DANS SON BUREAU POUR LE CASTING,
IL LUI A DEMANDÉ SI ELLE N'ÉTAIT PAS TROP EFFRAYÉE PAR LE SCÉNARIO.
LINDA BLAIR AURAIT RÉPONDU :
"VOUS RIGOLEZ, J'ADORE LE LIVRE !"
FRIEDKIN VENAIT ENFIN DE TROUVER SON PERSONNAGE !
LINDA BLAIR
DIRECTOR

FRIDAY.
FRITEQUINE, ÇA S'ÉCRIT COMMENT ? AH BAH DÉCIDÉMENT, JE N'AI PAS DE CHANCE.
ET SURTOUT, VOUS NE CONNAISSEZ PAS VOS CLASSIQUES !
VOUS ÊTES SÛRE QUE CE GENRE DE FILMS EST POUR VOUS ?
MAIS BIEN SÛR ! J'AI ADORÉ LA SÉRIE "STRANGER THINGS" !
CE QUE L'ON VEUT, NOUS, C'EST UN FILM AVEC DES PHÉNOMÈNES ÉTRANGES OU DES ESPRITS MALÉFIQUES...
COMME DANS "LA MAISON DU DIABLE" DE ROBERT WISE.
THE HAUNTING
DANS CE FILM DE 1963...
UN PROFESSEUR RÉUNIT DANS UN MANOIR HANTÉ PLUSIEURS PERSONNES POUR ÉTUDIER LA PERCEPTION DES PHÉNOMÈNES PARANORMAUX.
ROBERT WISE S'INSPIRE DE NOMBREUX PLANS DES FILMS D'ALFRED HITCHCOCK...
HITCHCOCK
QUI A DÉJÀ TOURNÉ "PSYCHOSE" ET RÉUSSIT À EFFRAYER SANS UTILISER LE MOINDRE EFFET SPÉCIAL.

FAITES-NOUS PEUR, EMMENEZ-NOUS DANS UN MONDE PARALLÈLE OU MONTREZ-NOUS DES PERSONNAGES POSSÉDÉS !
MAIS SURTOUT, SURTOUT, A-RRÊ-TEZ DE ME PROPOSER DES CHOSES DÉJÀ FAITES !
J'AI PEUT-ÊTRE UNE AUTRE IDÉE.
ALLEZ-Y TOUJOURS, AU POINT OÙ ON EN EST.
ON POURRAIT IMAGINER UN HOMME QUI PERD TOUT ET QUI, ALORS QU'IL EST DÉSESPÉRÉ ET SONGE AU SUICIDE, VA RECEVOIR L'AIDE DE SON ANGE GARDIEN.
OUI, ALORS, ÇA AUSSI, ÇA A ÉTÉ DÉJÀ FAIT PAR FRANK CAPRA DANS "LA VIE EST BELLE" !
UN CHEF-D'ŒUVRE DE 1946 AVEC JAMES STEWART ET HENRY TRAVERS DANS LE RÔLE DE L'ANGE GARDIEN.
LE FILM EST UN VÉRITABLE CONTE DE NOËL HUMANISTE AVEC L'UN DES ÉLANS DE SOLIDARITÉ LES PLUS ÉMOUVANTS DU CINÉMA.
UN FILM QUE FRANK CAPRA A D'AILLEURS IMAGINÉ POUR DIRE À CHAQUE ÊTRE HUMAIN DE NE JAMAIS DÉSESPÉRER.
IT'S A WONDERFUL LIFE

BON, ÉCOUTEZ JE N'AI PAS LE TEMPS, À CE RYTHME VOUS ALLEZ BIENTÔT ME PROPOSER UN FILM OÙ DES OISEAUX ATTAQUENT LES HOMMES.
OUT
AH, OUI !
OUT
AH, J'AIME BIEN L'IDÉE !
OUI, TELLEMENT BONNE IDÉE QU'ELLE A DÉJÀ ÉTÉ PRISE PAR ALFRED HITCHCOCK EN 1963 !
MAIS CELA NE VOUS DIT CERTAINEMENT RIEN NON PLUS ! 28 000 OISEAUX UTILISÉS DONT LA PLUPART ÉTAIENT DES OISEAUX MÉCANIQUES.
ET C'ÉTAIT AVANT LE NUMÉRIQUE !
ACTION

BON, ET VOUS ? QU'AVEZ-VOUS À ME PROPOSER ?
J'AI EU UNE IDÉE GÉNIALE.
ENFIN !
POURQUOI NE FERAIT-ON PAS UN FILM SURNATUREL MAIS VERSION MAGIQUE, GAIE, POSITIVE ? MARRE DES MONSTRES OU DES FANTÔMES QUI EFFRAIENT !
JE VOUS ÉCOUTE.
EH BIEN, J'AI PENSÉ QU'ON POURRAIT FAIRE LA SUITE DE "MARY POPPINS" ! MAIS TOURNÉE À PARIS !
FOUTEZ-MOI LE CAMP !!!!
ON LUI DIT QUE "LE RETOUR DE MARY POPPINS" SORTIRA EN DÉCEMBRE 2018 ?
ON PEUT DIRE QUE C'ÉTAIT POUR LE MOINS SURNATUREL, CES RENDEZ-VOUS !
SECURITY

Pour ceux qui aimeraient savoir ce que n'est pas

Le patinage artistique

Le patinage artistique ne se pratique pas à la maison.

Ni dans une voiture.

Ce n'est pas un sport de combat.

Par **Anouk Ricard**

TRANCHE DE L'ART

Le maître du détail

AU LENDEMAIN D'UN MOYEN ÂGE ESSENTIELLEMENT RELIGIEUX OÙ LES ARTISTES ÉTAIENT AU SERVICE DE L'ART SACRÉ, PIETER BRUEGEL (NÉ VERS 1525) CHOISIT, LUI, DE FAIRE DES PAYSANS LE SUJET PRINCIPAL DE SON OEUVRE. POUR MIEUX LES DESSINER, IL SE SERAIT MÊME INVITÉ À DES FÊTES VILLAGEOISES, DÉGUISÉ EN FERMIER.

Par **Benoît Preteseille**

REGARDER UN TABLEAU, C'EST UN PEU FAIRE UNE ENQUÊTE...
QUAND ON SE PENCHE SUR L'AFFAIRE PIETER BRUEGEL, DÈS LE DÉPART, IL Y A DES PIÈGES. MÉFIANCE !
???
1
PIETER BRUEGEL
2
PIETER BRUEGEL "D'ENFER"
3
JAN BRUEGEL "DE VELOURS"
AH OUI, JE ME SOUVIENS !
C'EST LE 1 ! LES AUTRES, CE SONT SES FILS. ILS ONT FAIT DES PEINTURES UN PEU COMME LES SIENNES, MAIS C'EST CELUI-CI LE PLUS IMPORTANT.
PIETER BRUEGEL
MAIS... Y A QUE DES FEUILLES BLANCHES LÀ-DEDANS !!!
PIETER BRUEGEL
LE PROBLÈME SUIVANT, C'EST QU'ON NE SAIT PRESQUE RIEN SUR CE TYPE.

ON N'EST MÊME PAS SÛR DE L'ORTHOGRAPHE DE SON NOM... A PRIORI, IL A VÉCU ENTRE 1525 ENVIRON ET 1569, EN BELGIQUE.
CERTAINS ONT CRU VOIR DES AUTOPORTRAITS DANS DES PERSONNAGES DE SES OEUVRES.
PEINTRE ET ACHETEUR VERS 1565
LA PRÉDICATION DE SAINT JEAN-BAPTISTE 1566
REPAS DE NOCES 1566-1569
MOUAIFFF...
IL AVAIT SANS DOUTE UNE BARBE, MAIS ÇA NE NOUS APPREND PAS GRAND-CHOSE. CE N'EST PAS TRÈS VÉRIFIABLE.
EN REVANCHE, ON SAIT QU'IL A FAIT UN VOYAGE EN ITALIE. LES ARTISTES Y ALLAIENT ÉTUDIER LES GRANDS MAÎTRES.
AU XVIE SIÈCLE, LES ITALIENS PEIGNAIENT DES IMAGES TRÈS MANIÉRÉES : DES MISES EN SCÈNE COMPLIQUÉES, DES TAS DE TISSUS PRÉCIEUX QUI VOLENT DANS TOUS LES COINS...
JACOPO DA PONTORMO 1494-1557 ANNONCIATION À FLORENCE

QUAND ON VOIT CE QUE BRUEGEL PEINT ENSUITE, CE N'EST PAS CERTAIN QUE ÇA L'AIT PASSIONNÉ.
AH, J'AI QUAND MÊME QUELQUE CHOSE LÀ-DESSUS DANS MON DOSSIER.
CE TABLEAU, ON L'APPELLE "CHASSEURS DANS LA NEIGE," IL MESURE 1 MÈTRE 17 SUR 1 MÈTRE 62. PEINT EN 1565, IL EST À VIENNE, EN AUTRICHE. ENFIN, DU CONCRET !
IL FAIT PARTIE D'UNE SÉRIE DE SIX, CHACUN PARLE D'UNE ACTIVITÉ DE L'ANNÉE.
ON PROGRESSE, ON PROGRESSE...
ON EST LOIN DES CORPS MUSCLÉS QUI S'AGITENT DANS LE VENT EN ITALIE. PIETER BRUEGEL A REGARDÉ CE QUI ÉTAIT AUTOUR DE LUI, DANS LES CAMPAGNES PAUVRES, ET LE MONTRE FRONTALEMENT.
TCHAC
LES ARBRES SONT DES BARRES NOIRES ASSEZ AGRESSIVES.
IL A VOULU FAIRE SENTIR LA FATIGUE DES HOMMES ET DES CHIENS.
BRRR
ON SE LES GÈLE, EN PLUS !

AVEC UNE BONNE LOUPE, ON VOIT DES TONNES DE DÉTAILS.
AU FOND À DROITE, LES MONTAGNES DOIVENT ÊTRE UN SOUVENIR DE SON PASSAGE PAR LES ALPES, QUAND IL EST ALLÉ EN ITALIE (CE N'EST PAS EN BELGIQUE QU'IL A PU VOIR ÇA !)
À GAUCHE, UN PANNEAU QUI MONTRE SAINT EUSTACHE, AVEC SON CERF. POUR LES CHRÉTIENS, C'EST LE PATRON DES CHASSEURS. IL N'EST PAS LÀ PAR HASARD... MAIS POURQUOI CE PANNEAU EST-IL À MOITIÉ DÉCROCHÉ ?
AU LOIN, PLEIN DE MINUSCULES SILHOUETTES JOUENT SUR LA GLACE, LEURS ATTITUDES SONT ASSEZ MARRANTES.
HOULÀ.
J'AI PEUUUR.
MAIS NON, VIENS, ÇA GLISSE TOUT SEUL !
AÏE
AÏE
AÏE
AÏE
DES VILLAGEOIS PRÉPARENT UN GRAND FEU POUR FAIRE CUIRE DU GIBIER.
UN ACCIDENT EST EN TRAIN D'ARRIVER, UN FEU DE CHEMINÉE !
DES FEMMES AVEC UN PETIT TRAÎNEAU.
PARTOUT, ON SENT QUE BRUEGEL A BEAUCOUP OBSERVÉ POUR TOUT PEINDRE PRÉCISÉMENT.
LES MAISONS, LES VÊTEMENTS, LES ACCESSOIRES... ET MÊME LA NEIGE ! IL A UTILISÉ PLUSIEURS NUANCES DE BLANC POUR LA REPRÉSENTER.
NEIGE FRAÎCHE
NEIGE FONDUE PUIS RE-GELÉE
NEIGE SALIE
(BON, LÀ, ÇA NE REND RIEN, IL VAUT MIEUX VOIR EN VRAI)

ALORS, INSPECTRICE, VOTRE AVIS SUR CETTE AFFAIRE ?
BEN... DÉJÀ, C'EST BEAU.
VOUIIIII... MAIS ENCORE ?
CERTAINS HISTORIENS DISENT QUE BRUEGEL PEIGNAIT CES SCÈNES CAMPAGNARDES POUR QUE LES GENS DE LA VILLE S'EN MOQUENT.
ÇA, JE N'Y CROIS PAS TROP.
C'EST VRAI QU'IL MONTRE PARFOIS DES FÊTES OÙ DES PAYSANS BOIVENT TROP, DANSENT COMME DES FOUS...
LA DANSE DE LA MARIÉE EN PLEIN AIR 1566
MAIS, EN LES PEIGNANT, IL LES REND BEAUX. ET POUR SAISIR CES MOMENTS-LÀ, IL A FALLU QU'IL FRÉQUENTE LA CAMPAGNE. QU'IL S'Y INTÉRESSE.
EN TOUT CAS, PLEIN D'ARTISTES L'ONT IMITÉ, ET ÇA A DONNÉ DES TABLEAUX D'ORGIES ASSEZ SINISTRES. CHEZ BRUEGEL, C'EST DIFFÉRENT.
SES OEUVRES SONT BELLES PARCE QU'ELLES RESTENT MYSTÉRIEUSES. L'ENQUÊTE NE SERA JAMAIS TERMINÉE.
Benoît Preteseille

nd l'Iran s'est ert d'un voile

erniers mois, d'étranges photos ont circulé es réseaux sociaux : debout dans la rue, femme tend un bâton sur lequel flotte le e qui couvrait sa tête quelques instants n, des dizaines de personnes protestent ère contre une obligation, celle de porter urée par la révolution islamique. C'était ientôt quarante ans.

te, dans les grandes villes, les femmes sont ler comme elles le veulent car le monarque, le shah, réforme son pays en s'inspirant de États-Unis. Mais son autoritarisme exas- e de la population. Après avoir réprimé les dans le sang, le shah est obligé de s'exiler. rennent alors le pouvoir. Ils instaurent la amique et leur guide, l'ayatollah Khomeini, eux qui s'opposent à lui. Le 22 septembre envahi par l'Irak, son voisin. La guerre entre narquée par l'utilisation d'armes chimiques sif d'enfants soldats, durera huit ans.

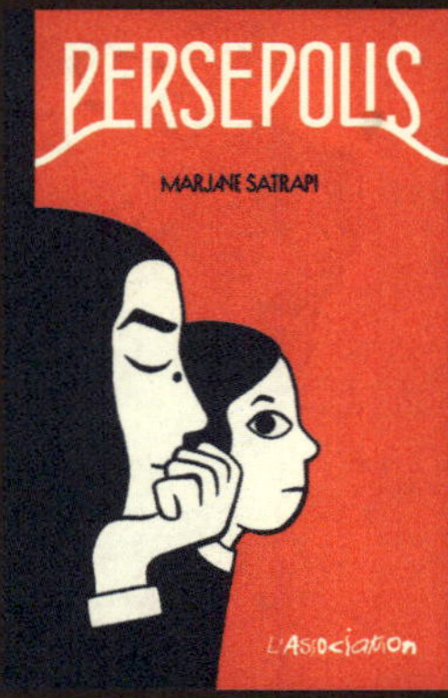

Marjane est née en Iran, en 1970. Élevée dans une famille de la bourgeoisie éclairée de Téhéran, cette jeune fille éprise de liberté a du mal à se plier aux nouvelles lois édictées par l'instauration de la révolution islamique. Avec beaucoup d'humour et de lucidité, l'auteure iranienne raconte la difficulté de vivre et de s'épanouir dans un pays déchiré par la guerre et les tensions politiques et religieuses.

L'Association, (2001), édition en un volume, 352 pages, 36 €.

Extrait de **Persepolis** de Marjane Satrapi

LA GUERRE S'ÉTAIT INSTALLÉE DEPUIS DEUX ANS. ON S'Y ÉTAIT HABITUÉS. J'AVAIS GRANDI ET J'AVAIS MÊME DES AMIES PLUS ÂGÉES QUE MOI.
HIER AUX INFOS, ILS DISAIENT QUE NOUS AVIONS DÉTRUIT TREIZE AVIONS IRAKIENS. JUSTE APRÈS, À LA BBC, J'AI ENTENDU QUE C'ÉTAIENT LES IRAKIENS QUI AVAIENT ABATTU DEUX DE NOS AVIONS.
C'EST POURTANT CLAIR. ON NOUS ANNONCE TOUS LES JOURS QU'ON A DÉTRUIT DIX AVIONS ET CINQ TANKS IRAKIENS. DEPUIS LE DÉBUT DE LA GUERRE, ÇA NOUS FAIT UN TOTAL DE SIX MILLE AVIONS ET TROIS MILLE TANKS. MÊME LES AMÉRICAINS N'ONT PAS AUTANT D'ARMEMENT.
?
AH OUAIS ! ÇA, JE VAIS LE RESSORTIR À MON PÈRE.
DRINGGG...
EH, C'EST LA SONNERIE, VOUS N'AVEZ PAS COURS, VOUS ?
NON, ON A SPORT, MAIS ON N'Y VA PAS. ON VA PLUTÔT MANGER DES HAMBURGERS.
DES HAMBURGERS ?
ILS ONT AUSSI DES SAUCISSES.
IL SUFFISAIT D'AVOIR UN PEU D'ARGENT.
OUAIS ! C'EST AU "KANSAS", SUR L'AVENUE JORDAN.
NE ME REGARDE PAS COMME ÇA, ON VA FAIRE LE MUR.
LE MUR ??!!!
HA HA HA HA ! HA HA HA !
!!
SI JE VOULAIS ÊTRE AMIE AVEC DES FILLES DE QUATORZE ANS, IL FALLAIT ASSURER.
JE N'ÉTAIS PAS UNE POULE MOUILLÉE. ALORS, JE LES AI SUIVIES.
APRÈS MA PARTICIPATION NON AUTORISÉE À LA MANIF DE 79, C'ÉTAIT LA DEUXIÈME FOIS QUE J'ENFREIGNAIS LA LOI.

L'AVENUE JORDAN ÉTAIT LE LIEU DE RENCONTRE DES ADOLESCENTS DU NORD DE TÉHÉRAN (LES QUARTIERS AISÉS). KANSAS ÉTAIT SON TEMPLE.
SI CERTAINS LIEUX PUBLICS AVAIENT SURVÉCU AUX RÉPRESSIONS DU RÉGIME, SOIT C'ÉTAIT POUR NOUS LAISSER UN ESPACE DE LIBERTÉ, SOIT C'ÉTAIT DE L'IGNORANCE. PERSONNELLEMENT, J'OPTE POUR LA DEUXIÈME THÉORIE : ILS NE DEVAIENT MÊME PAS SAVOIR CE QUE SIGNIFIAIT "KANSAS".
STOP
KANS
KANSAS
TU AS VU SES CHEVEUX ? ON DIRAIT ROD STEWART !
OUAIS, S'IL SE FAIT PRENDRE, C'EST LA BOULE À ZÉRO !
... MALGRÉ TOUT, LES JEUNES SUIVAIENT LA MODE AU RISQUE D'ÊTRE ARRÊTÉS.
CE QUI INTÉRESSAIT MES COPINES, CE N'ÉTAIENT PAS LES HAMBURGERS ...
WC
APRÈS QUELQUES SIGNES, ON A FAIT COMPRENDRE AUX GARÇONS QU'ILS POUVAIENT NOUS SUIVRE.
ENFIN, LES SUIVRE. J'ÉTAIS TROP JEUNE POUR QU'ILS S'INTÉRESSENT À MOI.
WOOINN
... LES SIRÈNES ONT RETENTI.
MAIS QU'EST-CE QUE TU FOUS ?!
TOUS À TERRE !
?
?
?
ON NOUS AVAIT APPRIS QUE SI NOUS ÉTIONS DANS LA RUE LORS D'UN BOMBARDEMENT, IL FALLAIT SE PROTÉGER EN SE JETANT LE LONG DES CANIVEAUX.
AH ! LA POULE MOUILLÉE !

CETTE BELLE JOURNÉE FUT GÂCHÉE PAR MA MÈRE.
C'ÉTAIT COMMENT L'ÉCOLE ?
BIEN ! POURQUOI ?
TU OSES ME REGARDER DROIT DANS LES YEUX ET MENTIR ?
JE NE MENS PAS !
C'EST PEUT-ÊTRE MOI QUI AI SÉCHÉ LES COURS ?
QUELS COURS ?
SOIT TU ME DIS TOUT DE SUITE LA VÉRITÉ, SOIT TU SERAS DOUBLEMENT PUNIE !
MA MÈRE UTILISAIT LE MÊME SYSTÈME QUE LES TORTIONNAIRES.
MAIS J'AVAIS SEULEMENT COURS DE RELIGION !
JE M'EN FOUS ! TU NE SÈCHES PAS L'ÉCOLE !
ET EN PLUS, TU CONTINUES À ME MENTIR ! L'ÉCOLE A APPELÉ. TU AVAIS LANGUE CET APRÈS-MIDI !
J'AVAIS DIT RELIGION POUR ATTÉNUER LA COLÈRE DE MA MÈRE. ÇA N'A PAS MARCHÉ.
CETTE FOIS, JE T'AI COUVERTE, MAIS C'EST LA DERNIÈRE FOIS ! C'EST MAINTENANT QUE TU DOIS APPRENDRE. TU AS TOUTE TA VIE POUR T'AMUSER ! TU VEUX DEVENIR QUOI ?? DANS CE PAYS TU DOIS SAVOIR TOUT MIEUX QUE N'IMPORTE QUI POUR SURVIVRE !!
TU AS RENCONTRÉ PAPA À QUATORZE ANS, NON ?
TU N'AS PAS ENCORE QUATORZE ANS !
BEN J'EN AI DOUZE !
?
DICTATEUR ! TU ES LE GARDIEN DE LA RÉVOLUTION DE LA MAISON !!

UN PEU PLUS TARD...
L'ARMÉE IRANIENNE A REPRIS LA VILLE DE KHORAMSHAHR.
C'EST LA QUATRIÈME FOIS EN UN MOIS.
MÊME EN SUPPOSANT QUE C'EST VRAI, QU'EST-CE QUE ÇA PEUT BIEN NOUS FAIRE ?
JE PEUX DESCENDRE À LA CAVE, MADAME ?
OUI, MADEMOISELLE !
LA CAVE AMÉNAGÉE ÉTAIT MON REFUGE.
CLIC
L'HISTOIRE DE LA REPRISE DE LA VILLE DE KHORAMSHAHR S'EST CONFIRMÉE. ON A TOUS CRU QUE LA GUERRE ALLAIT ENFIN SE TERMINER.
D'AILLEURS, L'IRAK NOUS L'A PROPOSÉ ET L'ARABIE SAOUDITE VOULAIT NOUS REMBOURSER TOUTES LES DESTRUCTIONS DE GUERRE POUR RÉINSTAURER LA PAIX DANS LA RÉGION.
MAIS NOTRE GOUVERNEMENT S'Y OPPOSA.
ILS ONT DÉCLARÉ
NOUS REFUSONS CETTE PAIX IMPOSÉE !

NOUS CONQUERRONS KARBALA* !
* CITÉ SAINTE CHIITE IRAKIENNE
ALORS, ON S'EST ENFONCÉS DANS LA GUERRE...
PARTOUT SUR LES MURS, ILS INSCRIVAIENT DES SLOGANS BELLIQUEUX.
شهادت تزریق خون است در رگ
CELUI QUI M'A LE PLUS MARQUÉE PAR SON IMAGERIE SANGLANTE ÉTAIT : "MOURIR EN MARTYR, C'EST INJECTER DU SANG DANS LES VEINES DE LA SOCIÉTÉ."

ILS ONT FINI PAR AVOUER QUE LA SURVIE DU RÉGIME DÉPENDAIT DE CETTE GUERRE.
QUAND JE PENSE QU'À CETTE PÉRIODE, ON AURAIT PU ÉVITER ÇA, J'AI LA NAUSÉE... IL N'Y AURAIT SANS DOUTE PAS EU UN MILLION DE MORTS.

LOGIQUEMENT LE RÉGIME S'EST DURCI...
AU NOM DE CETTE GUERRE, ON EXTERMINA L'ENNEMI INTÉRIEUR.
LES OPPOSANTS AU RÉGIME FURENT SYSTÉMATIQUEMENT ARRÊTÉS
ET EXÉCUTÉS EN MASSE.
POUR MA PART, J'AI CONCLU MON ACTE DE RÉBELLION CONTRE LA DICTATURE DE MA MÈRE EN FUMANT LA CIGARETTE QUE J'AVAIS PIQUÉE À MON ONCLE, DEUX MOIS AUPARAVANT.
KOFFF ! KOFFF ! KOFFF !!!
CE N'ÉTAIT VRAIMENT PAS BON, MAIS CE N'ÉTAIT PAS LE MOMENT DE CÉDER.
CETTE PREMIÈRE CIGARETTE ME SORTIT DÉFINITIVEMENT DE L'ENFANCE.
MAINTENANT, J'ÉTAIS GRANDE.

CHUT... Ça n'intéresse personne

Par **Stéphane Oiry**

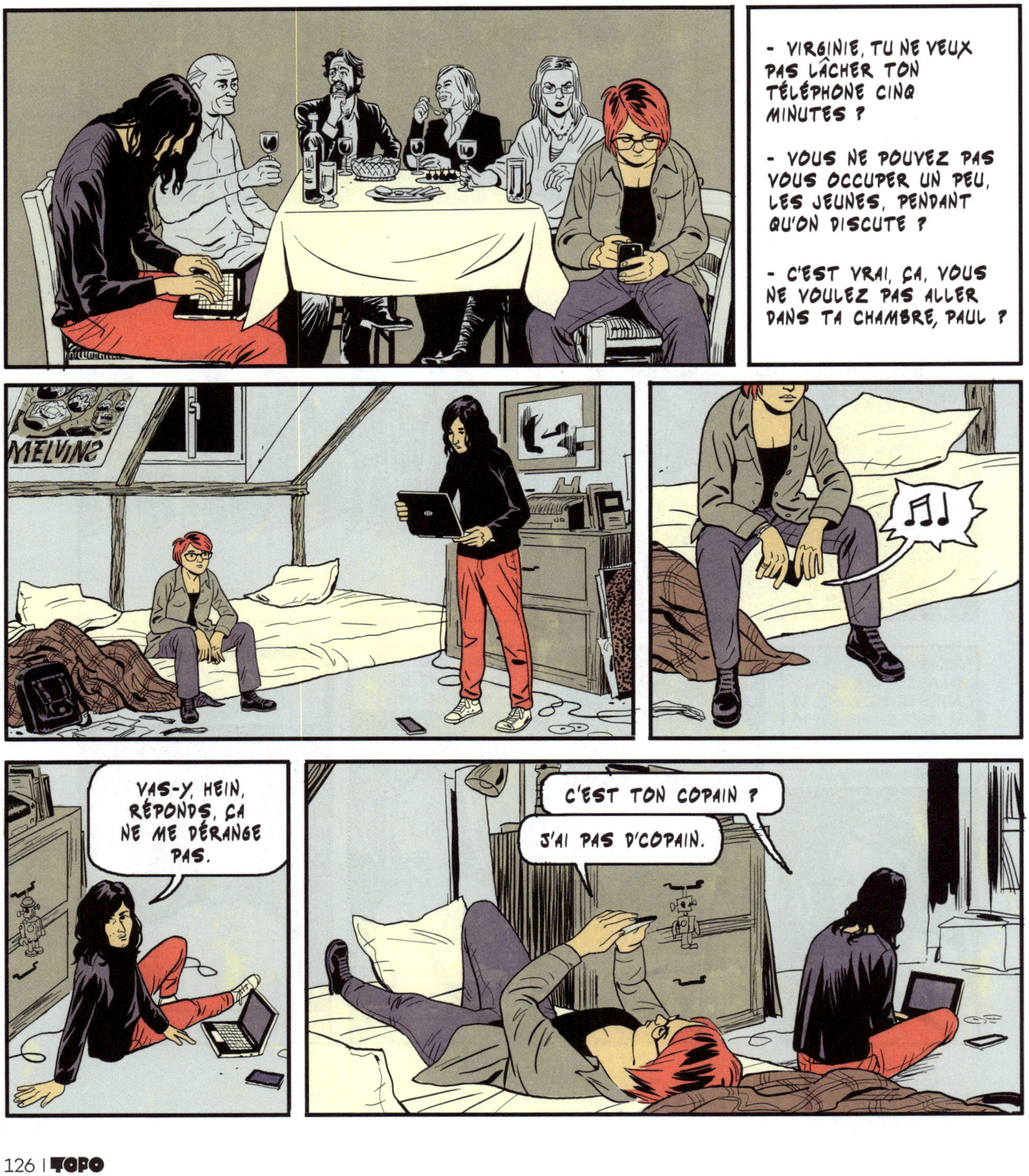

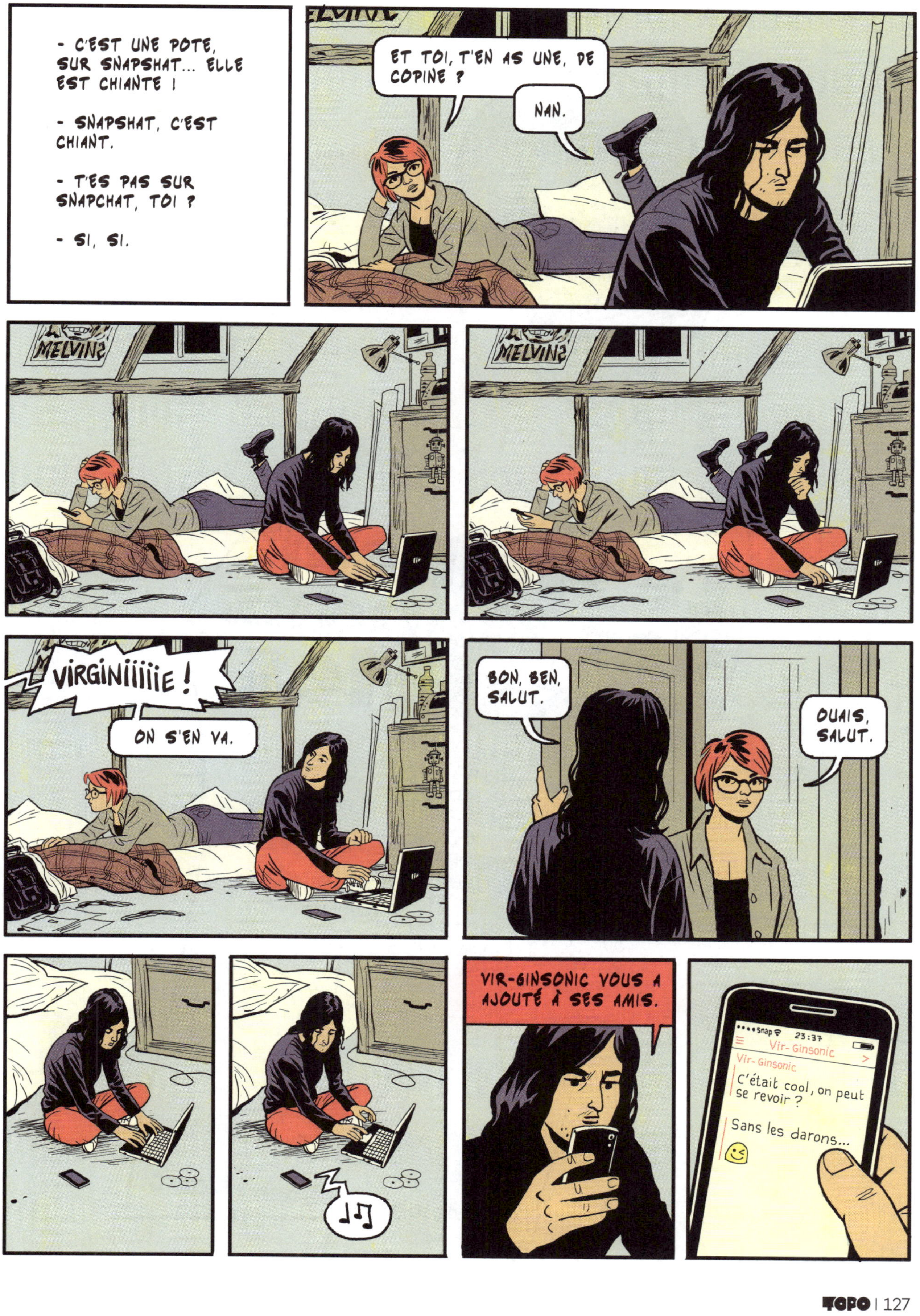
- C'EST UNE POTE, SUR SNAPSHAT... ELLE EST CHIANTE !
- SNAPSHAT, C'EST CHIANT.
- T'ES PAS SUR SNAPCHAT, TOI ?
- SI, SI.
ET TOI, T'EN AS UNE, DE COPINE ?
NAN.
MELVINS
VIRGINIIIIIE !
ON S'EN VA.
BON, BEN, SALUT.
OUAIS, SALUT.
VIR-GINSONIC VOUS A AJOUTÉ À SES AMIS.
Snap 23:37
Vir-Ginsonic
Vir-Ginsonic
C'était cool, on peut se revoir ?
Sans les darons...

ÉPISODE 11

Le Meilleur des Mondes possibles

SI VOUS AVEZ RATÉ LE DÉBUT : LE SOIR DES ATTENTATS DU BATACLAN, SIX JEUNES SE RENCONTRENT SUR LES TOITS DE PARIS. TOUT LES SÉPARE, MAIS GRÂCE À LA MYSTÉRIEUSE MÉTIS, VENUE D'UN AUTRE MONDE, ILS PRENNENT CONSCIENCE QU'ENSEMBLE, ILS SONT PLUS FORTS. JEANNE ET TONY RÉALISENT QUE CE N'EST PAS L'AMITIÉ, MAIS L'AMOUR QUI LES LIE L'UN À L'AUTRE. ILS S'EMBRASSENT.

Par **Stéphane Melchior** et **Sacha Goerg**

BONSOIR, ANNA.
SOIS LA BIENVENUE...
MERCI, MÉTIS...
RAAAH!
...

SKRUSH
WOUSH !
STUMP !
SKIIII !!!
CATASTROPHE !
AAAAH !
TAXI
PARISIEN

TAXI
PARISIEN
VOUS PERMETTEZ?
HAA!
SKRIIII!!!
MA QUESTION ÉTAIT PUREMENT FORMELLE.
ANNA...

UN GARS DE MA CLASSE FAIT UNE TEUF. TU VIENDRAIS ?
JE NE SAIS PAS. JE N'AI PAS TROP LA TÊTE À ÇA.
T'AS LA TÊTE À QUOI ?
ET SI C'ÉTAIT NOUS QU'IL AVAIT ATTAQUÉS ? J'Y PENSE TOUT LE TEMPS.
PAS MOI, PARCE QUE C'EST CE QU'ILS VEULENT : QU'ON Y PENSE TOUT LE TEMPS ET QUE ÇA NOUS EMPÊCHE DE VIVRE.
IL T'A BOUSCULÉ. JE L'AI VU FRAPPER LE POLICIER. C'EST IMPOSSIBLE DE NE PAS Y PENSER.
JE PRÉFÈRE PENSER À CE QUI S'EST PASSÉ APRÈS.
PLIC PLOC
ET PUIS, QU'EST-CE QUE TU VEUX QU'IL NOUS ARRIVE DÉSORMAIS ? ON EST DES SUPER-HÉROS, PAS VRAI ?

ANNA...
JE T'AIME BIEN...
MAIS JE NE T'AIME PAS.
J'AIME... LES GARÇONS.
TA PSIKÉ LE SAIT DÉJÀ ET ELLE ESSAIE DE TE LE DIRE DEPUIS LE DÉBUT. MAIS TU NE L'ÉCOUTES PAS. TU NE VEUX PAS.
MAIS... ON VA AVOIR UN ENFANT ENSEMBLE... DANS LE FUTUR !
C'ÉTAIT TA VISION.
TU ES LA PREMIÈRE À QUI JE LE DIS. PARCE QUE JE SAIS QUE TOI TU VAS COMPRENDRE.
POURQUOI ? PARCE QUE MES MÈRES SONT LESBIENNES ?
JE SOUFFRE QUAND MÊME.

COOL! T'AS PU VENIR!
ET AVEC TA MEUF EN PLUS!
GLOU! GLOU!
"OH MY LOVE, CAN'T YOU SEE YOURSELF BY MY SIDE NO SURPRISE WHEN YOU'RE ON HIS SHOULDER LIKE EVERY NIGHT"
"OH MY LOVE, CAN'T YOU SEE THAT YOU'RE ON MY MIND DON'T SUPPOSE YOU COULD CONVINCE YOUR LOVER TO CHANGE HIS MIND"
"SO GOODBYE"

"SHE SAID: IT'S NOT NOW OR NEVER. WAIT 10 YEARS, WE'LL BE TOGETHER"
"I SAID, 'BETTER LATE THAN NEVER' JUST DON'T MAKE ME WAIT FOREVER"
J'EN AI ENVIE. ET TOI ?

À suivre dans le prochain numéro...

MARQUE-PAGE

Il y a dix ans, le film *The Dark Knight* arrivait tout en haut du box-office planétaire et redonnait un sacré coup de jeune à l'un des plus anciens des super-héros. Mais saviez-vous que la version de Christopher Nolan puisait largement son inspiration dans Batman : **Dark Knight**, de Frank Miller, une bande dessinée d'un nouveau genre, parue en 1986 ?

On peut dire qu'il y a aux États-Unis deux genres de comics de super-héros. D'un côté, la recette Marvel : des individus comme vous et moi se retrouvent dotés de pouvoirs extraordinaires à la faveur d'un accident ou d'une anomalie génétique; « à grands pouvoirs, grandes responsabilités » — les voilà devenus justiciers (souvent malgré eux), dans un monde qui rechigne à les accepter. D'autre part, il y a la formule DC : **leurs héros sont par essence extraordinaires** (extraterrestre, milliardaire ou princesse des Amazones), et choisissent de mettre leurs pouvoirs au service de la société. On pourrait ainsi résumer la différence profonde entre les deux approches : Peter Parker met un masque pour devenir Spiderman, alors que Superman se déguise pour devenir Clark Kent.

Par **Xavier Guilbert**

Un justicier ambigu

Lorsque Frank Miller s'empare du personnage de Batman, en 1986, celui-ci est encore largement associé à la série TV des années 1960, sommet de kitsch et de naïveté. Deux cents pages vont suffire pour redéfinir et transformer profondément le héros masqué – inaugurant **une nouvelle ère de super-héros sombres** et torturés. On y découvre un Bruce Wayne vieillissant, qui trouve dans son alter ego masqué la seule façon d'exorciser le traumatisme fondateur du meurtre de ses parents. Les deux grands scénaristes Alan Moore (dans *Souriez !*) puis Grant Morrison (avec *Les Fous d'Arkham)* prolongeront cette idée d'un Batman aussi mentalement dérangé que ses adversaires, le Joker en tête.

Un récit brutal

Comme souvent chez Frank Miller règne une certaine fascination pour « l'homme fort », qui se retrouve dans le dessin, parfois à la limite de la caricature. Ambigu dans son rapport à la violence, **le récit est dur et sans concession**, mais mené d'une main de maître. Construite autour d'une grille immuable de seize cases, la narration joue avec l'irruption fréquente des commentateurs télé pour donner une impression d'urgence et faire entendre une multitude de points de vue. Ce n'est finalement que dans certaines de ses thématiques que Batman : *Dark Knight* trahit son âge, par exemple avec l'escalade nucléaire entre les deux blocs de la guerre froide, ou ce président des États-Unis représenté comme un cow-boy stupide (et qui a les traits de Ronald Reagan).

Un monde trouble

C'est dans l'atmosphère étouffante de **cette ville en prise au chaos**, où tous les repères volent en éclats, que va renaître la figure de Batman, bien décidé à tracer sa voie, sans se soucier de ce que peuvent penser ou vouloir les autres. Et c'est dans cette conviction de son bon droit qu'il réussira à apporter une lueur d'espoir, au plus profond des ténèbres.

RÉPONDS-MOI EN MP

à vos claviers !

Vous avez envie de réagir à ce que vous venez de lire dans TOPO ? Vous voulez donner votre avis ? N'hésitez pas à nous faire part de vos commentaires, nous en publierons une sélection dans notre prochain numéro : salut@toporevue.fr ou TOPO, Réponds-moi en MP, 36, boulevard de la Bastille, 75012 Paris.
Professionnels ou amateurs, vous pouvez aussi nous proposer des sujets qui vous inspirent : sujets@toporevue.fr

Triste sujet

— Très cher TOPO, dans ton numéro 9, le témoignage « Mon pays est un camp de réfugiés » sur les Somaliens qui ont fui leur pays était super émouvant. Rester vingt-cinq ans dans un camp sans rien avoir à faire, c'est juste horrible ! Un grand bravo pour ce reportage à Dadaab, au Kenya, qui nous fait prendre conscience de ce qu'il se passe dans le monde. Anna, 16 ans.

— Eh oui, Anna, c'est terrible. C'est vrai que lorsqu'on compare avec ce qui se passe chez nous, même si, parfois, c'est grave, comme les chutes de neige en février par exemple, on se dit qu'on a plutôt de la chance. Il faut bien l'admettre, il se passe des choses horribles dans le monde, mais il se passe aussi des choses très belles, peut être qu'on ne fait pas assez de sujets là-dessus...

On like 👍

— Salut TOPO, alors... de qui se moque-t-on le mois prochain ? J'adore cette rubrique ! Vous pouvez féliciter Pochep ! Léna, 15 ans

— Salut Léna, je ne vais pas vous mentir, Pochep, c'est mon auteur préféré. Je dévore sa rubrique plus vite qu'un sandwich au jambon, et quand j'ai fini, mon TOPO est trempé de larmes de rire ! Mais on ne va pas le féliciter, quand on fait trop de compliments aux auteurs, après ils ne s'appliquent plus autant et dessinent moins bien. Et puis... ils seraient capables de demander une augmentation, ces coquins-là !

Histoire d'en parler

— Salut TOPO, je prends un GRANDDDD plaisir à te lire. BD + actu, c'est tout ce que j'aime. Mais pourquoi il n'y a pas des sujets dont on vient d'entendre parler (comme les Paradise papers en novembre) ? Sur YouTube, je débriefe l'actualité. Ça s'apelle « Résum'Actu » (http://bit.ly/2nwCH3m). Merci pour la qualité de ta revue ! Tanguy, 15 ans.

— Salut Tanguy ! Je viens de regarder votre émission, c'est drôlement bien fichu ! À TOPO, comme on n'aime pas se brûler les doigts, on ne traite pas l'actualité à chaud. Mais sur les Panama Papers, j'aimerais mettre fin à une rumeur aussi ridicule qu'infondée : ce n'est pas parce que de grands éditeurs de bande dessinée, que je salue au passage, se sont retrouvés sur cette liste que nous ne traiterons pas du sujet.

Ça tourne !

— Bonjour, j'aimerais bien que vous fassiez un reportage sur les secrets des films : Qui en a l'idée en premier ? Qui le finance ? Comment ça se réalise ? Et en combien de temps ? Matéo

— Ah, Matéo, je reconnais bien là les lecteurs de TOPO... Toujours à demander l'impossible ! Je vous recommanderais bien de jeter un coup d'œil sur des magazines spécialisés de cinéma, mais je ne vais pas prendre le risque de vous envoyer vers la concurrence ! Bon, je vais faire remonter votre requête jusqu'à la direction (c'est au 86e étage du TOPO Building). En attendant, je vais vous révéler un petit secret : on va faire un film sur moi ! Son titre « Kicétou, en ver et contre tous », c'est moi qui ai eu cette idée géniale. TOPO va le financer et le film va être réalisé avec un téléphone portable en moins d'une heure, montage compris ! Pour le premier rôle, on hésite encore entre Johnny Depp et Brad Pitt...

Sous influence

— Bonjour ! Il y a beaucoup de sujets que j'aimerais bien lire dans TOPO. Le féminisme par exemple. Ou les différents genres, la différence, donc, entre le genre et le sexe et comment les gens la vivent. Mais aussi la société qui nous conditionne et les médias qui veulent nous faire penser d'une certaine manière. Nora

PS : J'aime beaucoup ce que vous faites et j'adore les dessins des « ex-libris ».

— Salut Nora ! Effectivement, le monde est à une période charnière et le règne de l'homme hétérosexuel va peut-être enfin laisser place à une société plus représentative des gens qui la composent... Et ce ne sera pas trop tôt : le machisme, ça pue des pieds !

Génération 2000

— Cher TOPO, après avoir lu en classe « Pourquoi l'Union européenne est-elle autant critiquée ? » (TOPO #7), nous avons pu débattre et nous vous félicitons ! Entre humour et sens du détail, cette BD rend compte de la réalité européenne. En revanche, nous vous avons trouvé parfois durs envers l'UE. Beaucoup reste à accomplir mais on peut aussi noter les avancées. Nés pour la plupart en 2000, nous sommes la première génération vraiment européenne. Nous sommes nés sans connaître le franc, l'euro est notre monnaie de toujours. Nous y sommes attachés et si l'Europe est autant critiquée, chez nous, elle reste aussi la bien-aimée. Il y a beaucoup de travail qui demande beaucoup de courage : c'est aussi cela l'Union européenne !

L'ensemble des élèves de TES1 du lycée Evariste Galois, Noisy-le-Grand.

— Salut la classe de TES1, l'Europe, c'est un peu comme les knackies, on sait que tout n'est pas bon dedans, mais on adore. L'Europe accomplit de grandes choses, comme le programme Erasmus, qui permet à tous les Européens de pouvoir étudier dans n'importe quel pays de l'UE. D'un autre côté, sous la pression de certains lobbies, l'Europe adopte aussi des lois qui ne vont pas toujours dans le sens de ses citoyens. Je pense notamment aux glyphosates, des pesticides dont l'utilisation est prolongée de cinq ans, et qui vont continuer d'empoisonner les sols... C'est vrai, personne n'est parfait... Enfin, si, moi !

AGENDA

Delémont'BD du 15 au 17 juin

« Préparons un atelier pour apprendre aux festivaliers comment on fabrique une revue de journalisme en bande dessinée. Et appelons-le TOPOzine ! » Voilà ce que s'est dit l'équipe en recevant l'invitation du sympathique festival de bande dessinée suisse. Alors, si vous êtes dans le coin, passez nous voir !

delemontbd.ch/

TOPO COULISSES
Ça se passe comme ça !

« On a reçu du lacrymo, j'ai pleuré, mais je n'ai pas eu peur »
Pages 6 à 31

« J'étais comme un détective à la recherche d'indices »

Audrey Lebel, journaliste : « J'avais rendez-vous avec Lily (à sa demande, son prénom a été modifié) devant la mairie de Montreuil, à 10 heures. Drapée dans un manteau coloré, une cigarette à la main, elle est arrivée en commentant la manifestation qui se déroulait à côté de nous. Elle s'agaçait « des élus politiques vendus, qui ne font rien pour les administrés et viennent chouiner pour se donner bonne conscience ». Le ton était donné. J'étais bien avec une soixante-huitarde, une vraie de vraie. Je n'avais plus qu'à recueillir son témoignage.
Alexandre Kha, dessinateur : « Photos, films, journaux : j'avais beaucoup de documentation sur Mai 68 et j'étais comme un détective à la recherche d'indices utiles. Rien n'a été inventé. Après m'être plongé dans ces archives, j'ai construit le récit à partir du témoignage de Lily. Mais mon dessin minimaliste ne pouvait pas rendre toutes les nuances du réel. Alors, pour compenser, j'ai rendu ma narration le plus fluide possible en la parsemant des détails récupérés dans ma documentation. »

« Le témoignage de Max m'a bouleversé »

Adrien de Calan, journaliste : « Il aura fallu sept ans pour que je rencontre enfin Max, après avoir entendu son histoire au Congo-Brazza. Le rendez-vous a été fixé dans un improbable hôtel de la région parisienne, à la veille d'un de ses matchs contre Nanterre. Son témoignage m'a bouleversé. »
Timothé Le Boucher, dessinateur : « C'était passionnant de travailler sur un témoignage aussi fort. Il y a, bien sûr, une grande marge d'interprétation, mais grâce aux photos d'Adrien, j'ai essayé de retranscrire le plus fidèlement possible les événements de la Centrafrique. »

« Je voulais faire de mon rêve ma vie »
Pages 70 à 95

« Traverser une frontière en toute sécurité est un luxe »

Taina Tervonen, journaliste : « Je suis finlandaise, j'ai grandi au Sénégal, j'habite en France, je voyage sans problème dans la plupart des pays du monde. Ce n'est pas le cas pour tout le monde. J'ai voulu comprendre pourquoi. J'ai découvert que traverser une frontière en toute sécurité est un luxe. Ceux qui cherchent la protection ou une vie meilleure en Europe sont souvent obligés de risquer leur vie. L'Europe est devenue la destination la plus dangereuse du monde. »

« Pourquoi certains peuvent-ils entrer en Europe et d'autres pas ? »
Pages 40 à 51

Le + de l'abonnement *un ex-libris dans chaque numéro*

1 an
6 numéros
75€

Abonnez-vous dès maintenant sur **toporevue.fr**

Ce coupon d'abonnement* est à remplir en LETTRES CAPITALES et à renvoyer à :

TOPO, 36, boulevard de la Bastille, 75012 Paris

Si vous avez des questions, vous pouvez nous contacter par mail : abo@toporevue.fr

Je m'abonne pour...

... six mois, soit 3 numéros (frais de port compris) :
- ○ France & DOM-COM **37,50€**
- ○ Union européenne et Suisse **42,50€**
- ○ Reste du monde **47,50€**

... un an, soit 6 numéros (frais de port compris) :
- ○ France & DOM-COM **75€**
- ○ Union européenne et Suisse, **85€**
- ○ Reste du monde **95€**

... deux ans, soit 12 numéros (frais de port compris) :
- ○ France & DOM-COM **150€**
- ○ Union européenne et Suisse **170€**
- ○ Reste du monde **190€**

Je joins un chèque du montant de mon abonnement à l'ordre de « TOPOLINO ».

Date **Signature**

COORDONNÉES DE L'ABONNÉ(E) :

Prénom . . . .
Nom . . . .
Adresse . . . .
. . . . Code postal . . . .
Ville . . . . Pays . . . .
Email . . . .
Téléphone . . . .

J'OFFRE CET ABONNEMENT, MES COORDONNÉES POUR ÊTRE JOINT(E) EN CAS DE PROBLÈME :

Prénom . . . .
Nom . . . .
Adresse . . . .
. . . . Code postal . . . .
Ville . . . . Pays . . . .
Email . . . .
Téléphone . . . .

○ Je souhaite recevoir **une carte cadeau** pour l'offrir à la personne que j'ai abonnée.

***Pour démarrer l'abonnement au n° 12, il faut envoyer ce bulletin avant le 17 juin 2018.**

TROMBINO

Lucas Varela
Né à Buenos Aires, j'ai publié *Le Jour le plus long du futur* aux éditions Delcourt.

François Ayroles
Les *Moments clés du journal de Spirou* paraissent chez Dupuis : vous y découvrirez que l'Oncle Paul y était l'ancêtre de TOPO !!

Audrey Lebel
Journaliste indépendante un peu à l'est, membre du collectif Les Journalopes. Un brin de féminisme dans chaque sujet.
@LebelAudrey

Alexandre Kha
Infographiste et auteur de bande dessinée.
alexandrekha.blogspot.fr/

Thibaut Soulcié
Zorro du stylo, on me donne de l'argent pour faire des blagues, c'est cool.
@tsoulcie.

Lionel Serre
Je dessine des adultes dans des journaux pour enfants, des livres pour enfants lus par des adultes, ou l'inverse.
lionelserre.wordpress.com

Charlie Poppins
Je partage mon temps entre mon activité de cartooniste et mon métier de montreur d'ours.

Pauline Auzou
Longtemps au service éditorial de l'agence VU, je suis responsable photo du magazine *Vogue Paris*.

Fabien Roché
Graphiste, illustrateur, auteur de bande dessinée et amateur de café kényan.
fabienroche.fr

Pochep
Longtemps, je me suis couché de bonne heure... avant de, tardivement, faire de la bande dessinée.
pochep.fr

Chloé Leprince
Bretonne exilée à Paris, j'ai les oreilles à France Culture et le nez dans les embruns dès que possible.

Benoît Lamare
Je dessine des animaux et des auteurs de BD, au stylo-bille sur tickets de caisse.
Instagram.com/nebdeneb

Taina Tervonen
Je suis devenue journaliste par amour pour les histoires. J'adore les lire et les écouter, et encore plus les raconter.

Matthias Malingrëy
Je dessine pour les petits, je dessine aussi pour les grands et des fois, même pour les moyens.
Cargocollective.com/matthiasmalingrey

Vincent Brunner
Journaliste, j'ai publié *Platine, Sex & Sex & Rock & Roll* avec Luz, dirigé le livre *Rock Strips* et cocréé *Tout est vrai* pour Arte.

Marion Mousse
Dessinateur et scénariste, j'aime travailler aux terrasses des cafés, surtout quand il y a du soleil.

Pierre Corbinais
Passionné par toutes sortes de jeux bizarres, j'écris à leur propos et j'en fais un peu aussi.
pierrecorbinais.com

Halfbob
Né en 1974, j'ai participé à plusieurs fanzines et j'ai dessiné quelques pochettes de disques.

Dessin **Loïc Froissart**

José Parrondo
Demandez *Rien* à votre libraire, mon dernier livre chez L'Association ! Lisez *Rien*, c'est pas rien !
Joseparrondo.tumblr.com

Anne-Laure Farges
Scénariste, vidéaste et critique cinéma, je tricote des mots, bricole des images et glane des films.
@loulipoblabla

Anouk Ricard
Normalement, je ne dessine que des animaux, mais depuis que j'ai un chien, je dessine des humains.

Benoît Preteseille
Je dessine parfois pour terrifier les adultes, parfois pour amuser les plus jeunes dans le journal *Biscoto*.
preteseille.net

Stéphane Oiry
Dessinateur, né à Nantes, je vis actuellement au Mans et enseigne l'illustration à l'École de Condé.

Stéphane Melchior
Scénariste, mon sujet de prédilection, c'est l'aventure. Mes derniers livres : *Les Royaumes du Nord* et *Taïpi, un paradis cannibale,* chez Gallimard BD.

Sacha Goerg
Je suis auteur et éditeur chez L'Employé du moi, où mon dernier album, *Nu*, a été édité.
sachagoerg.com

Xavier Guilbert
De mémoire, j'ai toujours lu de la bande dessinée. Désormais sur du9 et dans TOPO, j'en parle aussi.
@xguilbert

Felder
Après un terrible accident de Pocket Quad 50 cc à Cellefrouin (Charente), j'ai dû me résoudre à épouser une profession intellectuelle : la bande dessinée.

Cizo
Directeur artistique pour l'édition, je réalise des couvertures de livres. On peut aussi me retrouver au sommaire de *Fluide Glacial* et de *Picsou magazine*.

Zineb Dryef
Journaliste indépendante, j'écris surtout pour *Le Monde*.

Donatien Mary
Je viens de sortir *Le Commissaire Kouamé,* scénario de Marguerite Abouet, chez Gallimard.

Adrien de Calan
Journaliste breton, binoclard et barbu (les trois B), je travaille notamment à l'AFP. J'aime bien la radio aussi.
@AdriendeCalan

Timothé Le Boucher
Auteur de BD, je viens de réaliser mon troisième album, *Ces jours qui disparaissent*, chez Glénat.

Thibaut Schepman
Les articles que j'ai préféré écrire évoquent des tomates fascinantes, une vaine recherche du silence et des reportages à vélo.
@thibautschepman

Loïc Froissart
Illustrateur et auteur, mon dernier album : *Ma cabane* (éd. du Rouergue).
loicfroissart.com

Lisa Mandel
La BD-reportage, c'est mon dada. Exilés à Calais, présidentielle dans une école primaire, voyages à Beyrouth... on peut suivre mes aventures dans un blog.
lisamandel.blog.lemonde.fr

DREAM TEEN

Par **Lisa Mandel**